赵丽霞　张伟利　主编

滔滔大河

融入区域资源的
高中地理教学设计丛书

第 2 分册

上海教育出版社
SHANGHAI EDUCATIONAL
PUBLISHING HOUSE

本册编委名单

顾　问　　姬文广

主　编　　赵丽霞　　张伟利

副主编　　杨青华　　秦龙洋　　董英豪　　薄夫宝

编　委　　赵丽霞　　张伟利　　杨青华　　秦龙洋　　董英豪

　　　　　薄夫宝　　赵　雪　　刘会霞　　廖魏敏　　潘晶杰

　　　　　马亚利　　贾玉涛　　王高龙　　唐春平　　赵愿愿

目录

滔滔大河

1 大泽消现

——圃田泽的"前世今生"

推介语

　　曾经的中原大地湖泽广布，风光秀美，郑州更是名副其实的湖滨城市，守护在郑州东畔的便是历经几千年历史文明的中原大泽——圃田泽。

　　历史上，圃田泽调节着中原的气候，也涵养了郑国的灵动气韵。战国时，列子在此御风而行，泠然称善。唐代圃田泽东西约 25 千米，南北约 13 千米，规模约是今日杭州西湖的 50 倍。如今，圃田泽已彻底消失，只留下圃田乡的地名引人畅想追思。

学习目标
- 绘图说明古圃田泽与黄河之间的水源补给关系。
- 分析古圃田泽消失的主要原因。
- 说明圃田泽再现对郑州地理环境产生的主要影响。

区域资源—课程标准双向对照表

课程标准中的"内容要求"	核心概念	区域资源	资源类型		
			图文资料	影音资料	实践基地
必修 1.7 运用示意图，说明水循环的过程及其地理意义。	水体相互补给　水循环	圃田故城遗址	√		√
		列子故里圃田乡圃田村	√		√
		贾鲁河与七里河汇合处圃田新泽	√		√

教学设计流程

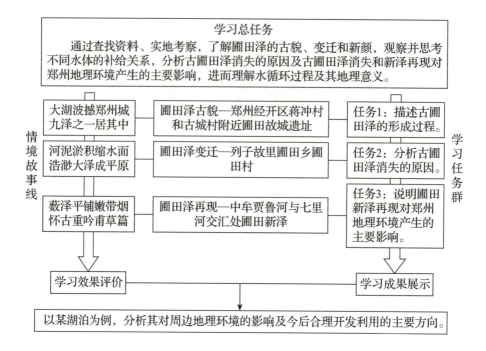

教学实施

· 任务 1 ·

描述古圃田泽的形成过程。

【资源】

圃田故城遗址。

【活动】

黄河和圃田泽是古时郑州最重要的两大水体，二者存在相互补给的关系，请结合中国河流补给类型图和中国气候类型分布图，回答下列问题。

1. 在黄河与圃田泽补给关系示意图中，分别画出汛期和枯水期黄河和圃田泽之间的水体流动方向。

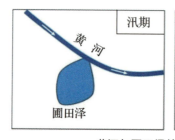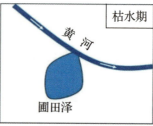

黄河与圃田泽补给关系示意图

2. 说出不同季节河流和湖泊水的补给关系。

3. 解释河流和湖泊之间的水体相互补给原理。

阅读

河流主要补给形式及特点

1. 雨水补给

是河流最重要的补给形式,多发生在夏季和秋季,个别地区发生在冬季。雨水补给具有不连续性和集中性的特点,往往会造成河川径流年内分配不均。以雨水补给为主的河流,径流量年际变化大。

2. 季节性积雪融水补给

主要发生在春季,具有连续性和日变化的特点,与雨水补给相比,河流的水量变化更为平缓。

3. 冰雪融水补给

主要指在流域内的高山地区,永久积雪或冰川的融水补给。这类补给也发生在干旱、半干旱的山区和部分较温润的山区。冰雪融水补给最显著的特点是单位面积出水率高,并有明显的日变化和年变化的特点。以冰雪融水补给为主的河流,水量的年变化幅度比以雨水补给为主的河流小。

4. 湖泊沼泽补给

山区的湖泊常成为河流源头。河流中游、下游地区的湖泊能汇集湖区来水,增加河流流量,较大的湖泊对河流水量可起到调节作用。沼泽水补给对河流水量的调节作用不明显,补给的水量也较小。

5. 地下水补给

是河流可靠、经常的补给形式。以地下水补给为主的河流,流量过程线变化更为平缓,径流的年内分配均匀,年际变化小。

河流补给一般很少为单一形式,通常是以某种补给形式为主的混合补给。

········· ○ **任务 2** ○ ·········

分析古圃田泽消失的原因。

【资源】

列子故里圃田乡圃田村。

【活动】

圃田泽曾经是位于郑州和中牟之间的巨大湖泊,现在取而代之的是农田和城市景观。下图示意圃田泽水域变化。

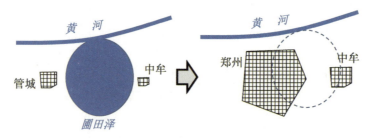

圃田泽水域变化

1. 圃田泽作为一个湖泊参与水体循环，为什么水量还会减少甚至消失呢？结合下图，分析圃田泽消失的原因。

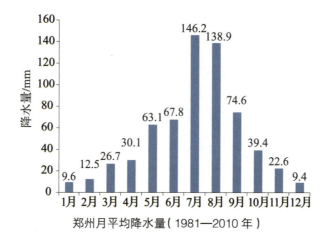

郑州月平均降水量（1981—2010 年）

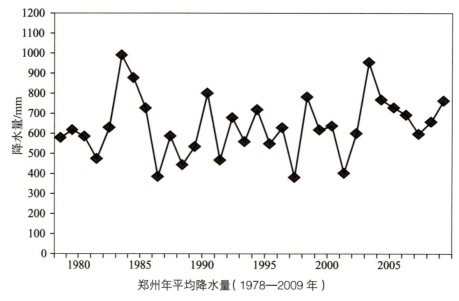

郑州年平均降水量（1978—2009 年）

2. 结合下面的水循环示意图,说出圃田泽消失过程中发生变化的水循环环节。

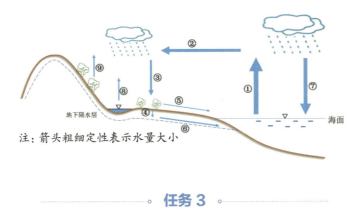

注:箭头粗细定性表示水量大小

说明圃田新泽再现对郑州地理环境产生的主要影响。

【资源】

贾鲁河与七里河汇合处圃田新泽。

【活动】

分析圃田新泽再现对郑州地理环境产生的主要影响。

学习评价

以某湖泊为例,分析其对周边地理环境的影响及今后合理开发利用的主要方向。

本节教学实施评价要点

【活动】

1. 略。

2. 夏季汛期,河流补给湖泊;冬季枯水期,湖泊补给河流。

3. 河流河道相对狭窄,汛期水位上涨快,而湖泊水域面积较大,水位上升幅度相对较小,当黄河水位高于圃田泽水位时,黄河水流入圃田泽,河流补给湖泊;枯水期,河流水位比湖泊水位下降快,当黄河水位低于圃田泽水位时,圃田泽水流入黄河,湖泊补给河流。

【活动】

1. ①气候方面:圃田泽以雨水补给为主,降水季节变化、年际变化大,水源补给不稳定；降水减少，水源补给就少。②水文方面：黄河下游泥沙淤积，形成地上河，两侧大堤阻挡黄河水入圃田泽，水源补给减少；圃田泽泥沙淤积，湖盆减小，湖泊萎缩。③人类活动方面：围湖造田，圃田泽面积萎缩。

2. 在圃田泽逐渐消失的过程中，下渗减少，地下径流减弱；降水减少、地表径流的空间分布改变导致蒸发较小，湖区的降水量又进一步减少。由此循环往复，圃田泽面积减少，逐渐消失，调节作用减弱，洪涝灾害加剧。具体如下图所示：

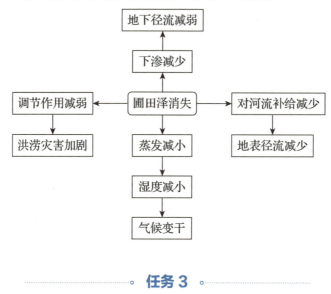

任务 3

【活动】

圃田新泽再现对郑州地理环境产生的主要影响：改善生态环境质量、美化环境，调节局部气候；缓解水资源短缺，实现景观水循环往复使用，节约水资源。

学习评价要点

略。（提示：①湖泊对周边地理环境的影响可以主要从大气圈、岩石圈、生物圈、水圈四个方面进行分析。大气圈：湖泊可以增加空气湿度、减小温差；岩石圈：湖区降水相对较多，可能诱发滑坡、泥石流；生物圈：湖区生物多样性增多；水圈：湖区下渗多，地下径流相对较大。②开发利用方向：结合湖泊的具体位置及地理环境特征，从提供水源、发展水运、开发水能、水产养殖、发展旅游、缓解水患等方面进行分析。）

2 聆听黄河故事，叙写中原发展

——黄河中下游平原的生态保护和协调发展

推介语

2019年9月18日，习近平总书记在郑州主持召开黄河流域生态保护和高质量发展座谈会并发表重要讲话。习总书记强调，要坚持绿水青山就是金山银山的理念，坚持生态优先、绿色发展，以水而定、量水而行，因地制宜、分类施策，上下游、干支流、左右岸统筹谋划，共同抓好大保护，协同推进大治理，着力加强生态保护治理、保障黄河长治久安、促进全流域高质量发展、改善人民群众生活、保护传承弘扬黄河文化，让黄河成为造福人民的幸福河。

今天，我们将关注黄河中下游冲积平原地区，亲历河南省大力恢复生态、促进流域协调发展的故事，了解其生态优先、绿色发展、人地协调的具体做法和成效。

学习目标

- 分析小浪底水利枢纽工程调水调沙的影响。
- 说明建设沿黄生态廊道的意义。
- 说出流域内水资源合理分配与协调管理、提高利用率的具体措施。
- 探讨河南不同地区从实际出发，调整产业结构，积极探索富有地域特色的高质量发展之路的具体措施。

区域资源—课程标准双向对照表

课程标准中的"内容要求"	核心概念	区域资源	资源类型		
			图文资料	影音资料	实践基地
选择性必修2.8 以某流域为例，说明流域内部协作开发水资源、保护环境的意义。	流域内部协作开发水资源的意义	黄河博物馆	√		√
		小浪底水利枢纽工程	√		√

（续表）

课程标准中的 "内容要求"	核心概念	区域资源	资源类型		
			图文资料	影音资料	实践基地
选择性必修2.2 结合实例，从地理环境整体性和区域关联的角度，比较不同区域发展的异同，说明因地制宜对于区域发展的重要意义。	因地制宜进行区域发展	郑州城区规划布局的相关资料	√		

教学设计流程

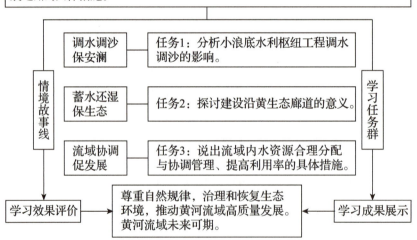

教学实施

● 任务 1 ●

通过参观学习，体验交流，分析小浪底水利枢纽工程调水调沙的影响。

【情境】

河南位于黄河中下游冲积平原地区，地势平缓，水流速度较慢，大量中上游来的泥沙持续在此淤积，导致河床抬高，甚至形成"地上河"，洪水灾害严重。为了改变"易淤、易决、易徙"的状况，实现黄河安澜，我们付出了极大的努力。

黄河含沙量大，水利工程的设计和修建必须考虑水沙关系的协调。小浪底水利枢纽工程位于河南省洛阳市孟津区与济源市之间，是黄河干流上的一座集减淤、防洪、防凌、供水、灌溉、发电等于一体的大型综合性水利工程。小浪底水利枢纽工程充分论证了水沙关系，通过"人造洪峰"将泥沙"带入"大海，增强黄河泄洪输沙的能力。

【资源】

郑州市黄河博物馆。

【活动】

在黄河流域 3D 模型里找到小浪底水利枢纽工程的位置，并通过博物馆内的调水调沙视频充分感受调水调沙的壮观过程。同时，利用馆内的相关图文资料，从水库的综合效益、对下游地区生态环境的影响、河口地貌等方面，说明小浪底水利枢纽工程的积极作用。

阅读

调水调沙——治理开发黄河的关键环节

调水调沙是在现代化技术条件下，利用工程设施和调度手段，通过水流的冲击，将水库里的泥沙和河床上的淤沙适时送入大海，从而减少库区和河床的淤积，增大主槽的行洪能力。

近 20 年来，水利部黄河水利委员会在利用黄河有限的水资源保障流域和沿黄地区经济社会发展的同时，坚持调水调沙，探索出了适应黄河各种水情、沙情的调度模式，逐渐形成了一套系统的做法，既保证了黄河安澜，又实现了黄河不断流。

2001 年 8 月，小浪底进行首次调水调沙。截至 2016 年，经小浪底调水调沙后，黄河累计送沙入海近 10 亿吨。河道下游主槽河底高程平均被冲刷降低 2 米左右，主槽最小过流能力由 2001 年汛前的 1800 立方米每秒恢复到 4500 立方米每秒。至此，"地上河"不再抬高，黄河入海口湿地面积增加 10 万亩以上。

小浪底水利枢纽工程调水调沙

· 任务 2 ·

结合材料，探讨建设沿黄生态廊道的意义。

【活动】

河南境内的小浪底等大坝拦水、水库蓄水之后，在库区会形成较大面积的湿地生态系统。这也是河南百里沿黄生态廊道重要的组成部分。结合所给材料，说明建设沿黄生态廊道的意义。

> 阅读
>
> ### 河南将继续大力推进沿黄生态廊道建设
>
> 2021年，河南加强黄河流域生态保护，继续聚焦实施沿黄生态廊道建设、湿地保护恢复等工程，串联黄河河道、滩区、黄河大堤防护林、自然保护地等，形成千里画廊、生态长廊，构建"堤内绿网、堤外绿廊、城市绿芯"区域生态格局。河南省已启动370千米沿黄复合型生态廊道建设，高标准建成120千米示范段。
>
> 河南省统筹推进"上段治山、下段治滩、全域建廊"，实现河南黄河流域生态保护治理良好开局。2020年3月，郑州、开封、洛阳、新乡、三门峡、焦作、安阳、濮阳等8市同时启动沿黄生态廊道建设工程，实施包括生态涵养、湿地保护、田园风光、文化展示、旅游休闲、高效农业等功能的沿黄生态廊道建设工程18个，并同步启动了郑州、开封、洛阳、新乡、三门峡等5市的生态廊道示范工程建设。
>
> 河南沿黄生态廊道的建设规划，整体取决于中原城市群发展规划、郑州国家中心城市生态建设规划等有力措施，更得益于黄河重大国家战略。从《森林河南生态建设规划（2018—2027年）》来看，河南省将综合考虑林业发展条件、发展需求和各片区实际发展情况等因素，按照山水林田湖草生命共同体的要求，优化林业生产力布局，以森林为主体，系统配置森林、湿地、野生动植物栖息地等生态空间，统筹推进森林、湿地、流域、农田、城市五大生态系统建设，着力构建"一核一区三屏四带多廊道"的总体布局。其中，"一核"为郑州大都市生态区；"一区"为平原生态涵养区；"三屏"为太行山地生态屏障、伏牛山地生态屏障、桐柏—大别山地生态屏障；"四带"为沿黄生态保育带、沿淮生态保育带、南水北调中线水源地及干渠沿线生态保育带和隋唐大运河及明清黄河故道生态保育带；多廊道为以铁路、公路、河流等组成的生态廊道网络。

· 任务 3 ·

说出流域内水资源合理分配与协调管理、提高利用率的具体措施，并探讨河南不同地区从实际出发调整产业结构，积极探索富有地域特色的高质量发展之路的具体措施。

【活动1】

径流量少是黄河的又一突出水文特征，其年径流量约为长江的1/15。习近平总书记曾说："黄河水资源量就这么多，搞生态建设要用水，发展经济、吃饭过日子也离不开水，不能把水当作无限供给的资源。"

结合三门峡到花园口河段的用水结构数据统计表，回答问题。

三门峡到花园口河段的用水结构

用水类型	占比（％）
农田灌溉用水	52
林木渔畜牧业用水	7
工业用水	28
生活用水	8
生态用水	5

1. 说出该河段的用水结构特点。
2. 从提高黄河流域水资源利用效率的角度，提出改善水资源利用的建议。

【活动2】

流域内部可以具有多种功能，其中最主要、最核心的功能被称为主体功能。建设主体功能区是生态文明理念下提出的国土开发和保护重大战略。主体功能区规划利于促使流域发展由盲目追求经济增长转向依据主体功能因地制宜、有序开发。一般来说，在确定流域某地区的主体功能时，会综合考虑土地适宜开发的程度、自然资源的丰富度、生态环境的脆弱度和经济发展水平等地理背景。

依据地理国情和国土开发状况，我国的主体功能区划分为优化开发区域、重点开发区域、限制开发区域和禁止开发区域。这里的"开发"，特指大规模的工业化、城镇化建设。优化开发区域指的是国土开发密度已经较高、资源环境承载能力开始减弱的区域。重点开发区域指的是资源环境承载能力较强、经济和人口集聚条件较好的区域。这些区域都是城镇化水平较高的地区，主要提供工业品和服务产品。限制开发区域指的是资源环境承载能力较弱、大规模集聚经济和人口条件不够好，并关系到全国或较大区域范围生态安全的区域，以农产品主产区和重点生态功能区为主，提供农产品和生态产品。禁止开发区域是依法设立的各类自然保护区域，即自然和文化遗产保护地，主要提供生态和游憩产品、精神财富。

1. 查阅资料，说出河南省的主要主体功能区。
2. 结合河南省限制开发区域的实际，说明其限制开发的原因。
3. 结合河南省重点开发区域的实际，说明其经济开发的优势和潜力。

4. 限制开发区域多为经济落后区域。举例说明这些地区从实际出发，调整产业结构，实施高质量发展的具体措施。

阅读

全国集中连片特困地区

2011 年 12 月 6 日，国务院新闻办举行《中国农村扶贫开发纲要（2011—2020 年）》情况发布会。《纲要》第十条明确指出：六盘山区、秦巴山区、武陵山区、乌蒙山区、滇桂黔石漠化区、滇西边境山区、大兴安岭南麓山区、燕山 – 太行山区、吕梁山区、大别山区、罗霄山区等区域的连片特困地区和已明确实施特殊政策的西藏、四省藏区、新疆南疆三地州是扶贫攻坚主战场。

黄河流域是中华文明的发祥地，也是我国重要的生态屏障带和打赢脱贫攻坚战的重要区域。在黄河上中游，有 7 个省区是发展不充分的地区，水资源利用不合理，经济基础薄弱，传统产业转型升级滞后。全国 14 个集中连片特困地区有 5 个处于这一流域。2019 年 9 月 18 日，习近平总书记在郑州主持召开黄河流域生态保护和高质量发展座谈会并发表重要讲话。黄河流域生态保护和高质量发展上升为重大国家战略。2020 年 11 月 23 日，全国 832 个国家级贫困县全部脱贫摘帽，其中就包含黄河流域五大地区的贫困县。

学习评价

1. 阅读材料，回答问题。

材料一　河道挟沙水流进入水库后，流速和挟沙能力迅速降低，粗颗粒泥沙在库尾淤积，形成淤积三角洲。挟带细颗粒泥沙的浑水在一定条件下沿三角洲前坡潜入库底并沿库底向坝前运动，形成异重流。从 2002 年开始，我国通过人工扰动沙层和利用异重流原理，在小浪底水库进行排沙，制造含沙量大的洪峰，对下游河道进行全河性冲刷，使河床有了明显下降。

材料二　调沙期间大坝下游河段出现了"流鱼"现象，即大量鱼类顺河而下，或仰面或侧身，形成了黄河的"流鱼"景观。

（1）分析在调水调沙过程中出现"流鱼"现象的原因。

（2）小浪底水库在经过几次调水调沙后，水流对下游河道的冲刷效果明显下降。试分析其原因并提出改进措施。

（3）说明调水调沙工程对改善黄河河口生态环境的作用。

2. 了解学校所在省级行政区的主体功能区的划分。

2010 年国务院颁布了《全国主体功能区规划》，目前各省级行政区的主体功能区规划已全部编制完成，并在国家发展和改革委员会官方网站上公布。运用网络等手段，获取学校所在省级行政区的主体功能区规划图及相关资料。

（1）找出各类主体功能区及其分布。

（2）就某优化开发区域或重点开发区域，谈谈其经济开发的优势和潜力。

（3）就某限制开发区域或禁止开发区域，说明该区域限制开发或禁止开发的原因。

（4）综合上述活动，谈谈你对"绿水青山就是金山银山"的理解。

本节教学实施评价要点

任务 1

【活动】

小浪底水利枢纽工程对淤积区的调水调沙作用突出，黄河沙患得以解决，下游地区实现岁岁安澜。黄河下游冲刷泄洪能力提高，河口形成新淤地，湿地面积增加；黄河三角洲的生物物种和数量增加；海岸线不断被侵蚀后退的状况得以扭转。

任务 2

【活动】

加强湿地保护，涵养水源，改善沿黄生态环境；为黄河文化展示、旅游休闲服务业及高效农业的发展创造良好的环境和条件；进一步筑牢沿黄生态安全屏障，加快黄河流域生态保护和高质量发展。

任务 3

【活动 1】

1. 三门峡到花园口河段的农田灌溉用水占比最大，工业用水次之。

2. 参考示例：成立专项管理部门，统一监管和调配黄河流域水资源，实行河长制管理等；大力推广滴灌等农业节水技术，以及工业节水、水污染处理技术，防治水污染，做好水资源安全工作；提倡节约用水，提高节水意识。

【活动 2】

1. 河南省主要有限制开发区域、重点开发区域。

2. 河南省限制开发区域有两类。西部山区为重点生态功能区，生态脆弱，要将保护和修复环境放在首位。平原地区多为农产品生产区，耕地多，农业发展条件好，其首要任务是保障我国的农产品供应。

3. 重点开发区域主要是位于黄河沿岸以郑州—开封—洛阳为中心的城市群。这里拥有较好的经济基础、人口密集，城镇体系已经建立并初具规模。虽然目前开发的基础较弱，但未来的开发潜力大，是支撑该区域甚至全国经济增长的重要增长极。

4. 河南省限制开发区域多为黄河流域内的贫困落后区。比如三门峡等西部山区，需要持续关注和保护生态环境，适当争取生态移民，加强基础设施建设，提高公共服务水平，全力保障和改善民生；要在生态保护和修复的基础上，发展特色生态产品，实现经济价值。

学习评价要点

1.（1）含有大量泥沙的浊流流向下游河道，高含沙量的河水供氧不足，导致鱼类缺氧窒息翻出水面；流量大，流速快，鱼顺流而下。

（2）原因：河床上的较细泥沙被冲刷以后，河底残留物质较粗，底层沉积物经长年重力压缩更加紧实，不易被冲刷；水流也因挟沙减少，对河床的冲刷能力减弱。措施：可适当提高洪峰流量，加大洪峰流速；对部分河段的沙层进行扰动，人为破坏粗化层，增加水流的含沙量，提高冲刷力。

（3）入海泥沙增多，湿地面积扩大，生物多样性增加；入海洪峰降低了湿地土壤的含盐度，提高了湿地土壤的营养；河口营养物质增加，利于鱼类生长；地下淡水得到补给；改善了海水入侵的现状，遏制了对海岸线的侵蚀。

2.（1）略。

（2）略。

（3）略。

（4）参考示例：良好的生态环境既是最公平的公共产品，也是最普惠的民生福祉。保护生态环境就是保护自然价值、增值自然资本，就是保护经济社会发展潜力和后劲。"绿水青山就是金山银山"理念，生动形象地揭示了经济发展和生态环境保护的关系，指明了实现发展和保护协同共生的新路径。我们应坚持节约资源和保护环境的基本国策，保护生态环境，走文明发展道路。

3 大河印象
——黄河博物馆

推介语

　　黄河是中华民族的母亲河,孕育了中华文明,是中华民族精神与民族情感的象征。河南省郑州市有全国唯一一座以黄河为主题的自然科技类博物馆——黄河博物馆。该馆坐落于郑州市迎宾路402号,是世界上最早成立的江河博物馆之一,隶属水利部黄河水利委员会。

　　在这里,我们可以看到母亲河的全貌,从源头的涓涓细流到入海口的浊浪滔滔;可以看到沿途的美景风光,从冰川雪山到黄土高坡,从九曲回肠到壶口浩荡;可以感受母亲河的博大,她养育了世世代代的中华儿女,灌溉农田,水能发电,捕鱼捉虾;还可以看到母亲河的伤痕,水土流失,断流污染,土地沙化。在这里,我们憧憬着未来的方向,治好母亲河,流域协作,亲如一家。

学习目标

● 根据资料绘图,并描述黄河的主要水文特征。

● 调查分析黄河不同河段的水文特征及其对社会经济的影响。

● 说出黄河在区域发展中的作用和贡献。

● 总结黄河的忧患及治理措施。

课程小贴士

🔯 **实践地点**

　　黄河博物馆

🕐 **推荐时间**

　　周二至周日 9:00—17:00（16:30 停止入馆）

🔖 **课程建议时长**

　　半天

📖 **实践装备**

　研学手册、纸笔、相机

🕐 **安全事项**

　乘坐公共交通工具，注意交通安全；需听从馆内工作人员和指导教师的安排。

区域资源—课程标准双向对照表

课程标准中的"内容要求"	核心概念	区域资源	资源类型			
			图文资料	影音资料	实物模型	实践基地
义务教育地理 运用地图和相关资料，描述长江、黄河的特点，举例说明其对经济发展和人们生活的影响。	水系特征 水文特征 社会经济发展 区域发展	黄河博物馆	√	√	√	√
义务教育地理 举例说出河流在区域发展中的作用。						

教学设计流程

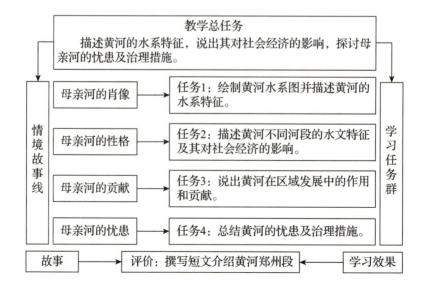

教学实施

【情境】

母亲河的召唤

周末从黄河边游玩回来，我躺在床上便倏然睡去。睡梦中似乎听见有人叫我，我遂悠悠荡荡跟随她去了。但见朱栏白石，绿树清溪，真是人迹希逢，飞尘不到。我在梦中欢喜："这个去处有趣，似乎来过，有种亲切感。"走进大门，只见那边走出一个人来，蹁跹袅娜，端的与凡人不同，脸上却也有些疲色，似有病容。女子笑着说："我是黄河的化身，你从小喝我的奶水长大，叫一声母亲也不为过。此处为吾府邸，试随吾一游否？"

• 任务 1 •

绘制黄河水系图并描述黄河的水系特征。

【地点】

第一展厅"流域地理"。

【情境】

母亲河的肖像

我跟随她走进一间屋子，只见里面有一幅肖像，真是香培玉琢，凤翥龙翔。女子解释道："这是我年轻的时候，从遥远的雪山来到这中原大地，一路着实艰险，你可想看看我一路的经历？"

我当然很好奇，就随她一路看过去。

【活动】

1. 在第一展厅找到黄河流域全貌图，并画出黄河的干流、主要支流、流域界线，在图上标出河口、桃花峪、郑州的地理位置。

2. 根据补充材料，描述黄河的水系特征。

• 任务 2 •

描述黄河不同河段的水文特征及其对社会经济的影响。

【地点】

第一展厅"流域地理"。

【情境】

母亲河的性格

转过一段走廊，进入另一间屋子，里面有许多老物件。

女子说："我曾经历了很多，在高山上咆哮怒吼，在黄土里哭泣哀伤，在大泽里流连婉转，在平原上无所适从，现在倒也安稳度日，心平气和了。"

我抚摸着她用过的老物件，心想：她到底是怎样的一个人呢？

【活动】

1. 在第一展厅找到黄河的干流长度、流域面积、年径流量、年输沙量的具体数据及在世界上的位次，填写在下表中。

黄河	干流长度	流域面积	年径流量	年输沙量
数据				
在世界上的位次				

2. 阅读黄河的水文特征资料，研究黄河流域模型，总结黄河不同河段的主要水文特征及其对社会经济的影响，并简要分析原因。

河段	主要水文特征	原因分析	对社会经济的影响
上游			
中游			
下游			

◦ 任务 3 ◦

说出黄河在区域发展中的作用和贡献。

【地点】

第二展厅"民族摇篮"、第三展厅"千秋治河"、第四展厅"治河新篇"。

【情境】

母亲河的贡献

看我在沉思，女子莞尔一笑，说："过去的都过去了。我看着你长大。你的父亲、你的爷爷以及你爷爷的爷爷，世代生活在这里，繁衍生息，安居乐业。我也算有一些安慰。走，我带你去看看祖祖辈辈在这里留下的灿烂文化。"

"我爷爷的爷爷？太酷了！"我说，"快带我去看看，我对历史也很感兴趣呢！"

【活动】

1. 在上面的地图中标出至少五个水电站。

2. 用不同颜色的笔在地图上标出历史上黄河的漕运和灌溉区。

3. 结合上面的活动,说出母亲河的主要贡献。

任务 4

总结黄河的忧患及治理措施。

【地点】

第三展厅"千秋治河"、第四展厅"治河新篇"、第五展厅"人水和谐"。

【情境】

母亲河的忧患

我看着女子憔悴的面庞,心想:她是为了哺育生活在这里的人们,才失去了原有的丰姿。她仿佛看穿了我的心事,说道:"在人们过度索取,不懂得休养生息的年代,我有点不堪重负。不过现在好了,你看,我不是好好的吗?放心吧。"

"我明白了,我一定会善待您,多来看您。我们要一起幸福地生活下去呀!"我深情地望着她,充满了依赖和感恩。

【活动】

1. 在展厅内观看视频,探究贾鲁河之名的来源。

2. 找出山西禹门口黄河河道淤积对比的图片并拍照,分析河道淤积的原因。

1935 年图	1996 年图

3. 结合展馆内的相关资料和所学知识，分析水土流失的原因、后果及治理措施，填写下表。

水土流失的原因	
水土流失的后果	
水土保持的措施	

4. 画出黄河大堤防洪坝示意图。

黄河大堤防洪坝示意图

绘图人：_____

5. 结合小浪底水利枢纽工程的相关资料，说出小浪底的主要功能以及在治理黄河方面起到的作用。

学习评价

结合在黄河博物馆参观所学的知识，到花园口实地考察黄河，并撰写短文介绍黄河郑州段。

本节教学实施评价要点

任务 1

【活动】

1. 略（要求：形态接近，主要支流齐全，河口、桃花峪、郑州的地理位置准确）。

2. 黄河的水系特征：发源于巴颜喀拉山北麓约古宗列盆地，自西向东注入渤海；干流全长 5464 千米，呈"几"字形，上中游支流多，下游支流少；流域总面积 79.5 万平方千米（含内流区面积 4.2 万平方千米），上中游流域面积较大，下游流域面积较小。

○ ··············· ○ **任务 2** ○ ··············· ○

【活动】

1.

黄河	干流长度	流域面积	年径流量	年输沙量
数据	5464 千米	79.5 万平方千米（含内流区面积 4.2 万平方千米）	580 亿立方米	16 亿吨
在世界上的位次	6	20	101	1

2.

河段	主要水文特征	原因分析	对社会经济的影响
上游	水量较小，峡谷段河流流速快	发源于青藏高原，降水较少，水量小；一、二级阶梯的交界处，流速快	水能丰富
中游	含沙量大	中游支流较多，流经黄土高原，土质疏松，植被破坏严重，降水集中在夏季，水土流失严重	自然灾害频繁，生态环境恶化
下游	流速慢，含沙量较小	地形平坦	泥沙淤积，形成"地上河"

○ ··············· ○ **任务 3** ○ ··············· ○

【活动】

1. 略。

2. 略。

3. 提供水源、塑造华北平原、孕育文明、水能发电、水运、旅游、养殖等。

○ ··············· ○ **任务 4** ○ ··············· ○

【活动】

1. 从金代开始，黄河改道，夺淮入海。元至正九年（1349 年）五月，黄河决口的水从东北方向流向沛县，并且冲入大运河之中，对当时的漕运和盐场造成很大的威胁。至正十一年（1351 年）四月初四，元顺帝下诏，任命贾鲁为总治河防使。贾鲁实地走访，观察水情后，想出了"石船堤障水法"。他让人用麻绳等物将 27 艘大船绑到一起，再把石子装入船中，用木板盖上，后让人把船凿穿，船沉成堤，堵住了决口。贾鲁疏、浚、塞并举，在堵住决口的同时，疏通了故道，开凿了新河道，终于平了水患。为了纪念贾鲁，人们便把重新疏通的河流惠民河改称"贾鲁河"。

2. 略。

3.

水土流失的原因	土质疏松；夏季降水集中且多暴雨；地表裸露，缺乏植被保护；地表破碎，坡陡谷深。
水土流失的后果	破坏土地、降低地力；损坏道路、淤塞水库及下游河道，形成"地上河"；生态环境恶化等。
水土保持的措施	植树种草、退耕还林；修建梯田，打坝淤地；控制人口数量，合理安排生产活动等。

4. 略。

5. 小浪底水利枢纽工程是集减淤、防洪、防凌、供水、灌溉、发电等于一体的大型综合性水利工程。小浪底水利枢纽工程的主要功能是治沙防洪。每年的六七月份是水库泄洪腾库容的时候，利用这个机会，小浪底和三门峡水库联动调节，经过精确计算，以 1500 个流量冲刷河床，2600 个流量排沙，把大量的泥沙送到大海，而且还把下游河床冲刷降低。据测算，经过几年的调水调沙，下游河床已降低了 1.4 米。小浪底水库拦调泥沙，能够减缓黄河下游河道淤积，还可以通过人造洪峰、调水调沙等方式，长期发挥较大的减淤作用，不仅保障了黄河不断流，还将大量泥沙送入大海，黄河入海口的生态系统也不断改观。

学习评价要点

略。

4 治水未央
——亘古绵延的治黄工程

推介语

滔滔大河,源远流长。千载河防,波澜壮阔。

黄河是中华民族的"母亲河",孕育了灿烂辉煌的中华文明。然而,"善淤,善决,善徙"的特点概括也充分表达了人们对其"喜怒无常"之无奈。"黄河清,天下宁。"黄河治理,向来是国之大事。一代又一代治黄人前仆后继,积累了大量的宝贵经验。新中国成立后,在前人治黄经验和成果的基础上,人们运用现代科技治水,黄河终于锋芒渐收,治理效果引世人侧目。

学习目标

● 说明河流对人类生存和文明发展的意义。
● 分析黄河中下游的开发与治理。
● 简述黄河开发与治理史中的成就与挑战。

课程小贴士

⚜ 实践路线

　花园口水文站—黄河穿越(桃花峪大桥)—花园口黄河扒口遗址—黄河博物馆

🌡 推荐实践季节

　室外观测活动为主,夏、秋季节最佳

⏱ 课程建议时长

　1天

📋 实践装备

　徒步鞋、运动长裤、遮阳帽、写字板、记录本、手机及指导教师要求的其他必带装备。

⚠ 安全事项

　以小组为单位统一行动,禁止下河,一切行动听从指导教师和景区工作人员指挥;不私自做决定,有问题及时报告指导教师。

区域资源—课程标准双向对照表

课程标准中的"内容要求"	核心概念	区域资源	资源类型		
			图文资料	影音资料	实践基地
必修 1.11 运用资料，说明常见自然灾害的成因，了解避灾、防灾的措施。	水对人类生存发展的影响 河流水文特征 自然灾害与防治 流域综合开发	花园口黄河大堤	√		√
选择性必修 2.6 以某生态脆弱区为例，说明该类地区存在的环境与发展问题，以及综合治理措施。		花园口水文站	√		√
		黄河博物馆		√	√
		嘉应观	√		
选择性必修 2.8 以某流域为例，说明流域内部协作开发水资源、保护环境的意义。		黄河水利委员会网站	√	√	

教学设计流程

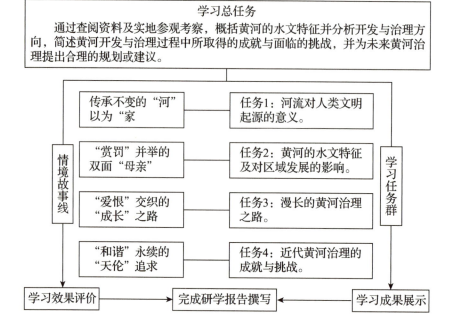

教学实施

················ · **任务 1** · ················

河流对人类文明起源的意义。

【地点】

花园口黄河大堤。

【情境】

传承不变的"河"以为"家"

伫立河畔,思绪万千。翻开成长的纪念册,"母亲"一直是我们坚强的依傍。从我们出生那刻起,对水的依恋就镌刻在我们的基因里,不管走多远,有河的地方总能看到兄弟和家园。

【活动】

人类发展积淀出河流文化,河流文化又助推社会前进。在形成古代文明的众多因素中,河流占据极其重要的地位。世界四大古文明都是以大江大河为依伴,在定居农耕的基础上发展起来的。纵观人类文明发展史,就是一部以"河"为"家",不断识水、用水、治水、护水、赏水的历史。

1. 举例说明水对人类生存发展的重要性。

2. 查阅四大古文明分布图,简析"文明之珠"均闪耀在大河流域的原因。

阅读

四大文明古国

四大文明古国指的是古巴比伦、古埃及、古印度和中国。四大文明古国对应着世界四大古文明,分别是发源于两河流域的美索不达米亚文明、尼罗河流域的古埃及文明、印度河—恒河流域的古印度文明、黄河—长江流域的中华文明。

················ · **任务 2** · ················

黄河的水文特征及对区域发展的影响。

【资源】

花园口水文站。

【情境】

"赏罚"并举的双面"母亲"

"母亲"对我们的感情是复杂的。我们的整个成长过程都伴随着"母亲""赏"与"罚"的不断切换。为什么"母亲"是这个样子?相信从我们对"母亲"的观察记录里能找到些答案。

【活动】

黄河流域孕育了灿烂的中华文明。流域内独特的自然环境让黄河成为一条"善淤，善决，善徙"的河流。桀骜不驯的黄河让依水而居的人们既依赖又恐惧。一部黄河史，也是一部中华民族数千年来的治乱兴衰史。

1. 观察黄河花园口水文站历次最高水位纪念牌，说出最高水位出现的季节并分析原因；观察河水的颜色，说出黄河含沙量的大小并分析原因。

2. 查阅资料，概括黄河的水文特征。

3. 观察河道特征，结合黄河河道变迁图与黄河水文特征，说明黄河为人类生存发展提供的有利条件。

4. 结合所学知识，分析黄河多水旱灾害的原因。

5. 参观花园口水文站，说出水文监测的内容、设备和方法。

6. 拍摄或者画一张最能代表黄河特点的图片，简述其体现的河流特点。

任务 3

漫长的黄河治理之路。

【地点】

黄河北岸（嘉应观附近）。

【情境】

"爱恨"交织的"成长"之路

有一个"赏罚"并举的"母亲"，我们的"成长"之路充满了酸甜苦辣。赏赐的诱惑总能让我们忘却惩罚的痛苦，一起回顾一下我们走过的路吧……

【活动】

"三年两决口，百年一改道"的黄河历经几千年的利用与治理，已经成为一条被人类活动深刻影响的河流。古老或新修的河防工事见证着千载治黄的步履维艰，更凝聚着中华儿女兴利除害的坚强意志。

1. 登录水利部黄河水利委员会网站，查阅"黄河记事"栏目，以小组为单位，挑选出每个时代你们认为最值得纪念的事情，与小组成员分享交流并合作完成下表。

时代	大事记
虞夏至春秋战国时期	
秦汉时期	
魏晋南北朝时期	
隋唐五代时期	

（续表）

时代	大事记
北宋时期	
金元时期	
明代	
清代	
民国时期	
中华人民共和国时期	

2. 结合嘉应观的建造背景，说明黄河治理在国家治理中的重要地位。

3. 搜集资料，说明黄河洪涝灾害严重的原因。

阅读

历史上黄河治理思路流变

为治理黄河，历代劳动人民特别是先贤们不断努力，提出过多种治黄方略。从远古时代的"疏川导滞"到战国时期的"宽立堤防"，从汉代的"贾让三策"到宋代的"兴筑遥堤"，无不闪耀着中华民族智慧的光芒。

明代潘季驯提出的"束水攻沙"、清代靳辅和陈潢提出的"以水攻沙"等治黄方略都取得了一定成效。"束水攻沙"在筑堤防止黄河水南入洪泽湖的同时，加固洪泽湖东岸的高家堰，利用洪泽湖蓄淮河之水，以清刷黄。黄、淮二水汇合后，冲刷力增强，有利于排沙入海。靳辅、陈潢基本继承了潘季驯的治黄思想，高筑堤坝，约束洪水，以水攻沙，增强了黄河下游的防洪能力。

近代，李仪祉、张含英等人对黄河治理提出了很多有价值的见解。李仪祉认为，治黄之要务在于防洪和防沙，特别是防沙，沙患不除，河无宁日。他指出：历代治黄皆注重下游，对中游、上游鲜有过问者。而洪水源于中游、上游，泥沙也源于中游、上游，治理黄河须从中游、上游入手。这些治黄思想为黄河治理开辟了新途径。

新中国成立后，治黄专家王化云主张对黄河上、中、下游进行综合治理，在下游"宽滩窄槽"。"宽滩"指滞洪、削峰和淤滩刷槽；"窄槽"指固定黄河中河槽，增强河床的泄洪、输沙能力。1986，王化云又提出"拦、用、调、排"四字治黄方略，其中"调"就是调水调沙。

任务 4

近代黄河治理的成就与挑战。

【资源】

花园口黄河扒口遗址、黄河博物馆。

【情境】

"和谐"永续的"天伦"追求

随着我们的成长，承受力和应对能力在不断增强，但对"母亲"的担心却与日俱增，因为"母亲"有好几次出现了断流，而且也担心"母亲"突发灾难。

【活动】

在黄河的利用和治理上，我们取得了辉煌的成就，也走过一些弯路。未来如何利用和治理黄河，仍是当下的重要课题。

调水调沙，就是利用工程设施和调度手段，通过水流的冲击，将水库的泥沙和河床的淤沙适时送入大海，从而减少库区和河床的淤积，增大主槽的行洪能力。

异重流是黄河等高含沙河流特有的一种水流形态，指含沙水流进入库区后遇到清水，由于密度差而潜入清水下面形成浑水流并沿库底向坝前行进的现象。从 2002 年开始，我国通过人工扰动沙层和利用异重流原理，在小浪底水库排沙，制造含沙量大的洪峰，对下游河道进行全河性冲刷，使河床有了明显下降。

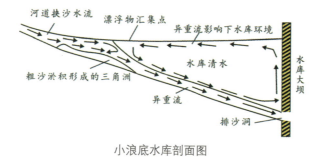

小浪底水库剖面图

黄河中游的众多水库，都承担"截沙、拦沙、排沙"的使命。调水调沙，可以通过水库单库调度或几个水库联合调度，利用水流的冲击调沙出库以减少水库淤积，为水库使用寿命的延长探索了新的有效途径。

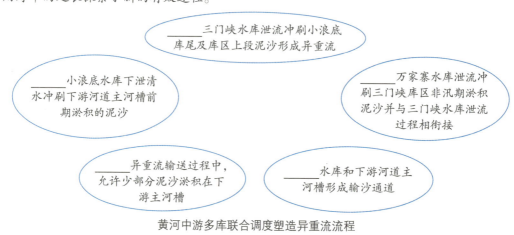

黄河中游多库联合调度塑造异重流流程

1. 查阅资料，说出新中国成立以来我国在黄河治理上采取的措施和取得的成绩。

2. 观察黄河大堤，找出河堤、丁坝、备防石，说明其作用。

3. 结合查阅的资料和下图，说出黄河下游为什么会建造双重大堤，分析其带来的影响。

双重大堤

4. 尝试提出治理黄河下游双重大堤问题应采取的措施。

5. 分析在调水调沙工程出现之前，黄河下游河床侵蚀、淤积的季节变化。

6. 说明排沙洞设置在靠近大坝底部的原因。

7. 试为"黄河中游多库联合调度塑造异重流流程"图中各个环节排序，并简述利用人工塑造的异重流实现库区和下游河床泥沙淤积减少的过程。

8. 经过几次调水调沙后，水流对下游河道的冲刷效果明显下降。试分析其原因并提出改进措施。

阅读

调水调沙

黄河泥沙含量多，古时便有"一石水而六斗泥"之说。在漫长的治黄历史上，人们逐步形成了黄河"害在下游、病在中游、根在泥沙"的共识。治黄百难，唯沙为首。

小浪底水库位于控制进入黄河下游河道水沙的关键部位。2002 年 7 月 4 日开始，我国黄河水利委员会在小浪底水库进行"调水调沙"试验，并取得成功。这是人类首次在原型河床内进行调水调沙试验，是由传统治黄向现代治黄转变的里程碑，是由被动治黄向主动治黄的转折点，被称为"世界水利史上最伟大的治沙实践"。

"调水调沙"既保证了黄河安澜，又实现了黄河不断流，取得了重大成效。黄河下游行洪能力和过沙能力普遍提高，河槽形态得到调整。"小洪水高水位""小洪水大险情"的状况初步得到改善,有力保障了下游滩区安全。"调水调沙"还改善了河口生态,使湿地面积有所增加,黄河入海口生态系统不断改观。湿地核心区水面面积增加,地下水水位抬高,同时植物繁茂,众多两栖动物和鸟类回归,呈现了人与自然和谐相处的新景观。

学习评价

1. 精选一些考察过程中自己拍的比较有意义的照片,并配文与全体师生分享(围绕黄河开发与治理展开)。

2. 根据考察过程中的所见所思,自定主题,撰写一篇实践报告(要有提出问题、分析问题和解决问题的过程,并形成一定的结论或经验,1000字左右)。

本节教学实施评价要点

任务 1

【活动】

1. 水是生命之源、文明之源、宝贵资源。生命之源:水维系着人的各种生理功能的正常运转,是生命的重要保障。文明之源:四大文明古国均与河流有密不可分的关系。宝贵资源:水资源、水能资源、旅游资源、环境资源。

2. 地形——河漫滩、平原等,地形平坦;气候——靠近河流,气候湿润,环境适宜;水源——淡水资源充足,取水方便;土壤——中下游平原,土层深厚,土壤肥沃;生物——水热充足,物种丰富,耕种、狩猎条件优越;交通——河运运量大,成本低;防御——河流阻隔,保障安全。

任务 2

【活动】

1.(1)最高水位出现季节为夏季。原因:上游,以冰雪融水补给为主,夏季补给量大;中游,以降水补给为主,降水集中在夏季且强度大;支流东西对称,同时入汛,汇水量大。

(2)黄河含沙量大。原因:黄河流经黄土高原,黄土土质疏松,易被侵蚀;黄土高原气候干旱,植被覆盖率低,水土保持能力弱;夏季降水集中且强度大,雨水对地表冲刷作用强;沟谷纵横,坡度大,坡面径流速度快,挟带泥沙能力强;大量泥沙汇入黄河,含沙量大。

2. 以降水补给为主；河流流量较大，水位季节变化明显；汛期出现在夏季，枯水期出现在冬季；河流含沙量大；有结冰期；部分由南向北流的河段存在凌汛现象；上游地区落差大，流速快，水能丰富；中游地区水土流失严重，河流挟带大量泥沙；下游地区流速慢，泥沙淤积，河床抬升，形成"地上河"。

3. 为流域内的人们提供生产生活用水；中上游水能资源丰富；下游河道不断游荡摆动，形成宽广平坦的泛滥平原。

4. ①洪灾：位于季风气候区，降水集中在夏季且强度大；降水年际变化大；中上游流域面积广，水量大；支流东西对称，同时入汛，汇水量大；下游地形平坦，排水不畅；泥沙淤积形成"地上河"，加剧洪涝威胁；部分河段存在凌汛现象。②旱灾：冬春季节降水少；春季气温回升，蒸发量大；春季作物生长加快，需水量增加；流域内工农业发达，人口众多，生产生活用水量大。

5. 水文监测的内容：水位、流量、泥沙、降雨等水文要素。设备：该站现有大型测船 5 艘、冲锋舟 2 艘，主要设施设备包括船用自动测流系统 6 套、非接触式超声波水位计 8 台、雷达水位计 2 套、回声测深仪 3 套、ADCP 多普勒测流仪 1 套、激光粒度分析仪 1 套及全站仪、经纬仪、水准仪、手持 GPS 定位仪、单基站 CORS 系统等测绘仪器。方法：初步实现水文数据监测自动化，人工干预的自动报汛。水情会商硬件基础＋综合信息平台＋远程监控系统，具备防汛抗旱"前沿指挥部"功能。

6. 略。

· **任务 3** ·

【活动】

1. 略（要求：梳理事件发生的时间、空间，概括不同河段的开发与治理重点，总结不同时期的人水关系）。

2. 嘉应观始建于清雍正元年（公元 1723 年），是雍正皇帝为治理黄河水患，御祭龙王，特下诏书建造的行宫、庙观，于 1727 年竣工。雍正皇帝下诏在此建造嘉应观，足见黄河治理的重要性。黄河流经我国北方最重要的农业产区，流域范围广，流域内人口众多，经济发达，一旦受灾，影响重大。因此，黄河治理是国家大事，当前，治理和开发好黄河依然十分重要和迫切。

3. 黄河以大气降水补给为主，降水季节和年际变化大；降水集中且多暴雨，汛期水位高，洪涝多发；中游植被覆盖率低，涵养水源能力弱，水位变化加剧；下游泥沙淤积，河床抬升，排水不畅；两岸筑堤束缚，形成地上悬河，洪涝风险增加；下游人口众多，经济发达，洪涝灾害损失大，灾情严重。

◦ 任务4 ◦

【活动】

1. ①中游黄土高原地区通过退耕还林还草、封山绿化、建设淤地坝等生物措施和工程措施，水土流失减轻，河流含沙量减小，下游河床淤积减少；努力塑造协调的水沙关系，通过多次调水调沙，下游河道最小过流能力得到大幅度提高，冲淤能力增强，遏制了"悬河"淤积抬升步伐。②流域内的蓄水供水工程有效调节了水资源的时空分布，引黄灌溉面积成倍扩大，黄河还为多座大中城市以及晋陕等地的能源基地提供水源保障。③ 1999 年起实施黄河干流水量统一管理和调度，加强水污染的监督和治理，改变了下游频繁断流的局面，河口三角洲再现草丰水美、鸟鸣鱼跃的湿地盛景。

2. 河堤：可抵御洪水泛滥，挡潮防浪，保护堤内居民和工农业生产的安全。丁坝：使水流集中在河道中心以加快流速、冲刷中心河床，减少泥沙淤积；同时使靠近河岸的水流速度减慢，减轻对河堤的冲刷，泥沙在坝田淤积，以造成新岸，加固堤防。备防石：在防汛抢险急需巩固堤坝时使用。

3. 略。

4. 黄土高原地区，加大水土保持力度，减少泥沙进入黄河；加大力度进行下游河道整治和疏浚工程；适时调水调沙，扩大行洪断面，减少河道淤积；破除滩区生产堤，严禁新修和加修；出台相应政策，安置好滩区人民的生产生活。

5. 汛期（夏秋季节）水量大、流速快、含沙量大，洪峰下泄的过程中对河床的冲刷作用强，以侵蚀作用为主；枯水期（冬春季节）水量小、流速慢、含沙量较小，泥沙易在下游淤积。

6. 因为异重流密度大，潜入库底并沿库底向坝前运动；库底水压大，排出水流速度快。

7.（1）

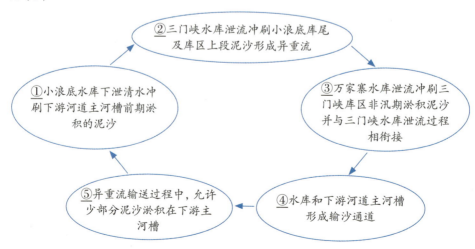

（2）略。

8. 原因：河床上较细的泥沙被冲刷以后，河底残留物质较粗，且经长年重力压缩更加紧实，不易被冲刷；水流挟沙减少，对河床的冲刷能力减弱。改进措施：适当提高洪峰流量，加大洪峰流速；对部分河段的沙层进行扰动，人为破坏粗化层，增加水流的含沙量，提高冲刷力。

学习评价要点

略。

5 分界之争
——桃花峪的逆袭之路

推介语

以前的课本上将"旧孟津"作为黄河中游和下游的分界点，洛阳孟津还曾向社会公开征集"黄河中下游分界点"地理标志图稿，准备建主题公园。然而，郑州荥阳的桃花峪也建了一个黄河中下游的分界碑。还有专家提出，黄河中下游的分界点应该在焦作武陟县的嘉应观。那么，黄河中下游的分界点到底在哪里呢？

现在的地理教材中，桃花峪已取代旧孟津成为黄河中下游的分界点。桃花峪是如何逆袭成功的呢？"黄河中下游的分界点"引发争议的原因何在？

学习目标
- 通过野外观察及地理工具的运用，描述桃花峪附近的地貌特征。
- 运用示意图，分析桃花峪段黄河的水文特征和水系特征。
- 了解并设计野外测量河流水文特征的方法。

课程小贴士

研学路线

桃花峪分界碑广场—汉王城遗址、霸王城遗址—花园口水文站

推荐研学季节

室外观测活动为主，春、秋季节最佳

课程建议时长

1 天

实践装备

运动鞋、望远镜、写字板、手机（需提前安装好研学过程中需要使用的软件）。

安全事项

因黄河水流条件复杂，必须在教师指导下活动，不可擅自涉水；以小组为单位统一行动，听从教师和景区工作人员指挥。

区域资源—课程标准双向对照表

课程标准中的"内容要求"	核心概念	区域资源	资源类型		
			图文资料	影音资料	实践基地
义务教育地理 运用地图和相关资料，描述长江、黄河的特点，举例说明其对经济发展和人们生活的影响。	水文水系及影响 地形地貌 流域开发与治理	桃花峪分界碑广场	√		√
必修 1.4 通过野外观察或运用视频、图像，识别 3~4 种地貌，描述其景观的主要特点。		汉王城遗址 霸王城遗址	√		√
选择性必修 2.8 以某流域为例，说明流域内部协作开发水资源、保护环境的意义。		花园口水文站	√	√	√

教学设计流程

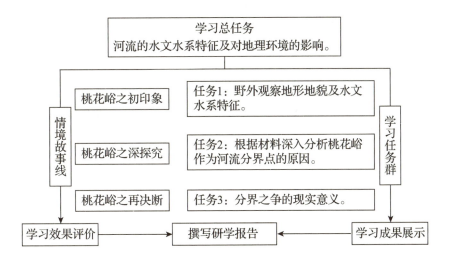

教学实施

........● 任务1 ●........

实地考察桃花峪地区的地形地貌及该段黄河的水文水系特征。

【地点】

桃花峪分界碑广场、汉王城遗址、霸王城遗址。

【情境】

"我"名叫桃花峪，因漫山遍野灼灼的桃花而得名，家住荥阳市广武镇桃花峪村，黄河岸边。"峪"字的意思是山谷开始的地方。

作为黄河中下游的分界点，我这里建有分界碑广场。广场上的白色地砖中，铺有两排带波浪纹的深色地砖，且在其中特意留出一道裂缝，这道裂缝即为黄河中下游的分界线。其西侧为中游，东侧为下游。"黄河中下游分界碑"就矗立在分界线之上。分界碑高21米，外部呈"H"形，"H"是"黄河"汉语拼音的首个字母。四面台阶预示着沿黄地区人民四季生活蒸蒸日上。

【活动】

桃花峪不仅自然地理意义显著，人文背景同样浓厚，闻名遐迩的"楚河汉界"就在附近。汉王城遗址和霸王城遗址在无声地诉说着当年刘邦与项羽之间的历史性对垒。遗憾的是，该遗址正在遭受破坏，北墙已塌入水中。桃花峪曾是盛唐时期的皇家果园庄，所产桃果大汁丰，肉鲜水甜，白里透红，成了当时的佳果贡品。

黄河桃花峪河段的丁坝

1. 站在黄河中下游分界线处，说出你的感受。

2. 登上分界碑的最高处，观察并记录四周的地形地貌及黄河河道情况，结合手机App中的三维地图，推断不同河段流速、流量等水文特征，并说出判断依据。

3. 实地观测并在手机中查找汉王城遗址和霸王城遗址的位置，结合所给材料和图片，分析汉王城遗址和霸王城遗址遭到破坏的原因。说说桃花峪河段丁坝的形态、结构与水流流向的关系，并分析其在保护汉王城遗址和霸王城遗址过程中所起的作用。

4. 试分析桃花峪地区所产的桃成为盛唐时期佳果贡品的自然原因。

阅读

丁坝

秦汉之际，刘邦与项羽对垒，修筑东、西广武城以为相持。西城为刘邦所筑，称汉王城；东城为项羽所筑，称霸王城。二城中隔广武涧（一说即战国时期的鸿沟），此涧即"楚河汉界"。二城之北紧靠黄河，西南万山丛错，形势险要。现存的汉王城遗址和霸王城遗址由于黄河的不断冲刷侵蚀，早已失去原貌。为保护遗址，结合黄河河道整治整体规划，桃花峪控导工程动工修建。远处所见的丁坝为桃花峪控导工程。

丁坝又称"挑流坝"，是与河岸正交或斜交伸入河道中的河道整治建筑物。该坝的一端与堤岸相接，呈"T"形。丁坝有长短之分，长者使水流动力轴线发生偏转，趋向对岸，起挑流作用；短者起局部调整水流保护河岸的作用。由丁坝组成的护岸工程，能控导流势，保护堤岸，又有束狭河床、堵塞岔口和淤填滩岸的作用。丁坝由坝基和坝头组成，其平面形状呈直线型或拐头型。坝头多为流线型、圆头型或斜线型。

任务 2

利用河南省地形地貌和水文水系图分析桃花峪地区黄河的水文水系特征，并结合划分河流分界点的理论依据分析桃花峪作为分界点的原因；了解水文测量的基本方法。

【地点】

花园口水文站。

【情境】

"我"能取代旧孟津成为黄河中下游分界点，是得到过认证的，比如《中国河湖大典·黄河卷》《黄河300问》《黄河年鉴》《河南省志》，以及《黄河流域防洪规划》都明确提出自内蒙古河口镇至河南荥阳市桃花峪为黄河中游，自桃花峪以下至入海口为黄河下游。

【活动】

花园口水文站是世界上最大的水文站之一，也是"数字化"水文站。它担负着收集水文信息、提供水沙情报、开展治黄实验研究等重要任务，在黄河下游防洪调度、河道治理、水资源开发利用等方面具有十分重要的作用。

1. 请自行设计方案测量黄河水流的流速（考虑到危险性因素，设计方案即可，不可实地测量）。

2. 含沙量一般指单位体积的浑水中所含的干沙的质量。请据此设计方案测量黄河水的含沙量（考虑到危险性因素，设计方案即可，不可实地测量）。

3. 参观水文站，了解水文监测工作的主要内容以及主要监测仪器的工作原理。请从中选择一个进行简要介绍。

4. "地上悬河"是黄河下游的重要特征，请你找出花园口附近河段属于"地上悬河"的佐证，并分析黄河下游成为"地上悬河"的原因。

5. 结合阅读材料和河南省地形地貌图、黄河流域图，分析黄河中下游分界点定在桃花峪的原因。

> **阅读**
>
> ### 河流分界点的划分依据
>
> 黄河河流分界点是如何划分的呢？河段划分的因素很多，一般有区域地质环境、河谷地貌特征、水资源条件、流域社会状况、治理开发要求等，最为大家认可的主要有以下四种：
>
> 地貌论：沿河地貌发生显著变化的地点。
>
> 水坝论：最后一座黄河大坝所在地点。
>
> 引水论：黄河水不需提取，即能通过渠道自行流出的地点。
>
> 支流论：最后一条大的支流汇入地点。

任务 3

辩证分析黄河中下游分界点之争的理论依据和现实意义。

【地点】

室内研讨。

【情境】

虽然"我"已取代旧孟津成为黄河中下游分界点，但黄河中下游分界点之争并未结束。有专家认为武陟县嘉应观更应该成为黄河中下游分界点，也有地学界专家提出郑州花园口是黄河中下游的分界点，还有水利工作者根据"河流特性"提出三门峡为黄河中下游分界点。时至今日，黄河中下游分界点一直为大家所争论。

【活动】

黄河中下游分界点问题主要是学术研究问题，然而近些年来却引发了各地争议，利益博弈与学术讨论交织其中，各地立碑建园，热闹不断。

试分析各地争论黄河中下游分界点的原因。

> **阅读**
>
> ### 分界之争
>
> 旧孟津是最早被权威专家提出、传统上一直认可的黄河中下游分界点。其原因

有三：一是黄河下游沿河两岸自孟津开始筑堤，直到黄河入海口，这两岸的大堤就是为了防止河水泛滥。二是黄河下游自孟津开始才有河中的洲、两岸宽阔的滩，而孟津以上由于河道狭窄、水流落差大、水流湍急等原因则少有。三是孟津以上的黄河段流经高山峡谷，河床为原始基岩石质底，水流湍急，没有泥沙淤积，而孟津以下的河床为流动黄沙底，有泥沙淤积。

嘉应观又称黄河龙王庙，是中国历史上唯一记述治黄史的庙观。提出嘉应观为黄河中下游分界点是基于以下四个"标尺"：一是地貌特征变化明显，嘉应观正处在黄土高原区到平原区的交接地带。二是"悬河"起点。悬河是黄河最显著的特征，而自上而下最早出现悬河的地方是嘉应观。三是支流消失处。黄河最后一条大的支流——沁河是从嘉应观注入黄河的。四是第一条自流引渠出现。武陟县的人民胜利渠是中华人民共和国成立后的第一座引黄灌溉工程，总干渠从嘉应观西侧流过，也是黄河上第一处自流引黄水渠。

（资料来源：许韶立《科学确定黄河中下游分界线及对其旅游开发设想》，中原智库网）

学习评价

旧孟津、桃花峪、嘉应观、花园口之间的分界点之争，你更赞成哪种观点？请根据所学知识说出理由。

本节教学实施评价要点

.... ◦ 任务1 ◦ ....

【活动】

1. 略。

2. 略。

3. （1）汉王城和霸王城为土夯古城，位于黄河南岸，且为凹岸，河水的侵蚀力较强。（2）丁坝由散石和铅丝石笼构成，其走向与水流流向一致。丁坝可稳定河势，减缓水流速度，减少河道泥沙冲刷，保护河堤，进而起到保护遗址的作用。

4. 地形：多为低缓的山丘坡地，利于桃树的种植和采光。土壤：黄土广布，土壤疏松、深厚、肥沃。气候：桃花峪位于温带季风气候区，夏季高温多雨，冬季不易出现冻害；全年晴天多，光照充足，昼夜温差大，适合桃树生长。水源：黄河流经，提供了充足的灌溉水源。

任务 2

【活动】

1. 示例：4 人为一小组，在平直河道确定两个观察点（相距 100 米），上游方向的人扔一鲜艳漂浮物至水中，同时利用秒表记录开始时间，当漂浮物行至下游方向观察点时记下结束时间，再用距离除以所用时长即为流速（此方法可能因气象条件、漂浮物所处河道位置的不同而存在误差）。

2. 示例：用量杯盛一定量的黄河水，记下体积（最好为 500 毫升），经沉淀过滤后获得其中所含沙子，再将沙子烘干并称重，除以体积即可。

3. 略。

4. 证据：用手机 GPS 在大堤内、外的地面上分别进行定位，比较大堤内、外的海拔差异；观察周边的地势，找出能明显体现高差的标志性事物，拍照记录并说明依据；地图中水系的特征（下游无河流注入）判断，等等。原因：①中游黄土高原地区植被遭到破坏，水土流失严重，大量泥沙汇入黄河，含沙量增大。②下游进入华北平原，地形平坦，河道变宽，水流变慢，致使中上游挟带的大量泥沙沉积，河床逐渐抬高。③泥沙的大量淤积使黄河下游河床不断抬升，两岸地区每逢汛期便面临着洪水的威胁，长期以来人们采取修筑堤防的方式来约束洪水，致使河床进一步抬高形成"地上悬河"，且与两岸地面的高差越来越大。

5. 桃花峪处于冲积扇的顶端，桃花峪以下冲积形成的河床摆动比较大，以上则摆动不太明显或幅度较小；桃花峪以下没有水坝；黄河下游最大的支流沁河在黄河北岸沁阳市流入黄河。

任务 3

【活动】

争论的原因在于以此提高当地的知名度，借此整合当地其他旅游资源以发展旅游业，进而改善当地的基础设施，提高财政收入和经济水平，增加就业岗位，改善当地的生态环境等。

学习评价要点

略。

6 水主沧桑

——黄河冲积扇

推介语

滔滔黄河，滚滚东流，一泻千里；经黄土高原，挟斗斗泥沙，出太行，拥平原，沉淀泥沙，造就扇形膏腴之地；屡屡决堤改道，层层沉积，叠叠落落，"绘就"我国多沙河流最大冲积扇。它就是黄河冲积扇！

沧海桑田，故园不改，是不变的家国情怀，是淳厚的民族性格。中原城市群，中部崛起，是中原大地缓缓升起的耀眼明星，是中原儿女奋力开创的崭新局面。这些都发生在我们脚下的土地——黄河冲积扇上！

你是否对脚下的土地感到好奇？就让我们一起走进它的"前世今生"吧！

学习目标

● 描述黄河冲积扇的形成过程和基本特点。

● 说明黄河冲积扇的结构特点。

● 说出黄河冲积扇上的人类活动，并举例说明这些人类活动与黄河冲积扇的关系。

区域资源—课程标准双向对照表

课程标准中的"内容要求"	核心概念	区域资源	资源类型		
			图文资料	影音资料	实践基地
必修 1.4 通过野外观察或运用视频、图像，识别 3～4 种地貌，描述其景观的主要特点。	地貌景观特点与成因	黄河冲积扇	√		

（续表）

课程标准中的"内容要求"	核心概念	区域资源	资源类型		
			图文资料	影音资料	实践基地
选择性必修1.3 结合实例，解释内力和外力对地表形态变化的影响，并说明人类活动与地表形态的关系。	内力和外力自然环境对人类活动的影响城市的形成与发展	桃花峪"黄河中下游分界碑"	√		√
选修6.1 举例说明城市的形成和发展，归纳城市在不同阶段的基本特征。		花园口纪念碑	√	√	√
选修9.7 在野外观察某种地貌，推断其形成过程。		开封兰考黄河湾风景区——九曲黄河最后一弯	√	√	√

教学设计流程

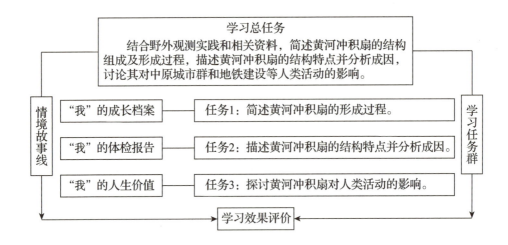

教学实施

━━━━━━━━━━ ◦ **任务 1** ◦ ┄┄┄┄┄┄┄┄

简述黄河冲积扇的形成过程。

【资源】

桃花峪"黄河中下游分界碑"（见下图）。

【情境】

"我"的成长档案

我叫黄河冲积扇。"黄河"说明我诞生于黄河流域；"冲积扇"说明我属于河流堆积地貌大家族。那么，我出生地在哪儿？又是如何成长的呢？

【活动】

桃花峪位于河南省荥阳市广武镇境内，为黄河中、下游的分界点，地处我国地势第二、三级阶梯的交接点，山地与平原衔接处。黄河的挟沙量世界无敌，每年把约 16 亿吨泥沙带出山口，倾泻在中原大地上，造就了这一片膏腴之地——黄河冲积扇。

1. 结合"河南省等高线地形图"，比较桃花峪不同方向上的地形地势差异，并描述其地形特征。

2. 结合"河南省等高线地形图"，简述黄河冲积扇的形成过程。

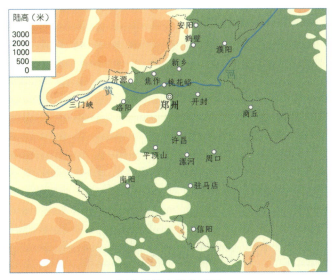

河南省等高线地形图

阅读

黄河冲积扇的组成与发育过程

黄河古冲积扇形成于晚更新世后期,黄河出孟津,泥沙大量堆积形成古冲积扇,以黄土状沉积物为主,平面形态东宽西窄。全新世后,郑州以西古冲积扇随山地抬升而被河流切割,形成黄河的二、三级阶地;郑州以东地区因平原沉降,大部分被全新世沉积物覆盖,仅有个别的残丘缓岗和蚀余阶地出露地表。全新世早期至中期,冲积扇的顶点下移至现沁河口附近,形成的冲积扇比古冲积扇大,其上部与古冲积扇的中下部相叠置。

黄河冲积扇主要由四部分组成,分别为:花园口冲积扇、兰考冲积扇、桃花峪冲积扇、宁咀冲积扇。形成的先后顺序依次是:宁咀冲积扇、桃花峪冲积扇、兰考冲积扇、花园口冲积扇。

宁咀冲积扇:扇顶位置在孟津宁咀,自西向东呈扇形分布,前缘大体在新乡—扶沟一线。桃花峪冲积扇:扇顶位置在郑州桃花峪,自西向东呈扇形展开,前缘大体在冠县—徐州—涡阳—阜阳一线。兰考冲积扇:扇顶在开封兰考,自西向东呈扇形展开,前缘大体在范县—张秋—巨野—金乡—沛县—徐州一线。花园口冲积扇:扇顶在郑州北花园口镇,向东南方向呈长条状扇形延伸,主要在颍河流域内,前缘在涡阳—阜阳一线附近。

黄河冲积扇的组成

描述黄河冲积扇的结构特点并分析成因。

【资源】

开封兰考黄河湾风景区——九曲黄河最后一弯。

【情境】

"我"的体检报告

不定期会有"医生"来为我进行全面体检，假如你是一名"医生"，请对我进行体检，帮我出一份体检报告。

【活动】

仔细观察，我们会发现冲积扇有着精致的结构。沿洛阳—郑州—开封—商丘一线，我们会发现黄河冲积扇上的沉积物颗粒自扇顶至扇缘呈现出"砾石—粗沙—细沙—黏土"的变化特征。

1. 描述黄河冲积扇沉积物颗粒大小的空间分布特征，并分析其成因。

2. 结合下图，描述黄河冲积扇沉积物厚度的分布特征，并分析其成因。

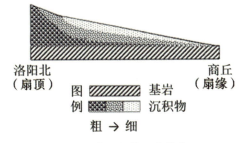

黄河冲积扇沉积物厚度分布图

探讨黄河冲积扇对人类活动的影响。

【资源】

郑州花园口纪念碑。

【情境】

"我"的人生价值

我为人类提供了优越的生产生活条件。人们很感激我，激励我把自身的价值和潜力不断挖掘、扩大。

【活动】

黄河冲积扇自然条件优越，自古以来，人类活动密集。毫不夸张地说，我们生活在冲积扇上。

1. 说出黄河冲积扇上的主要人类活动。

2. 结合其中一项人类活动，说明其与黄河冲积扇的关系。

3. 太行山前有一个城市带，从北京往南，有保定市、石家庄市、邢台市、邯郸市、安阳市、鹤壁市、新乡市。这个城市带存在的一个很重要的原因是有太行山前的冲积扇带存在。试分析其中的原因。

4. 以郑州为中心的中原城市群大多分布在黄河冲积扇上，试探讨黄河冲积扇对中原城市群建设的意义。

5. 目前，郑州地铁建设稳步推进，试分析冲积扇地貌对郑州地铁建设的影响。

阅读

冲积扇的立体开发

冲积扇上的山地适合发展生态林和用材林。冲积扇顶部，由于地下水埋藏深，沉积物颗粒大，多为砾石粗砂，所以连乔木都难以生长，一般不会在此经营种植业，而是任由原生的耐旱灌木、野草生长。冲积扇中上部，比较干燥，土壤颗粒粗，依然不适合发展种植业，但是杏、枣、苹果、梨等果树生长茁壮。冲积扇中下部，土质较细，不太湿滑，比较结实，适宜营造建筑，而且地势较低，方便人们生活，是山麓农村居民点的主要所在地，也可以种植一些耐旱作物。冲积扇的扇缘，土壤细腻肥沃，地下水埋藏浅，涌泉和河流密集，适宜种植业的发展。

学习评价

1. 自备材料，制作道具，模拟黄河冲积扇的形成过程，并录制视频。

2. 以某冲积扇为例，分析其对人类活动的影响及合理开发利用的方向。

本节教学实施评价要点

• **任务 1** •

【活动】

1. 桃花峪位于黄河南岸，向南为山岭，地势较高；向北由平原变为山地（太行山）；黄河自西向东流，地势西高东低。

2. 黄河中游地势落差较大，流速较快，挟带大量泥沙。在桃花峪处，地势趋于平缓，河道变得开阔，水流速度减慢，泥沙逐渐沉积，以桃花峪为顶点，向东呈扇形堆积，形成黄河冲积扇。

------- ○ **任务 2** ○ -------

【活动】

1. 空间分布特征：自扇顶至扇缘平均粒径逐渐变细；扇顶以颗粒较大的砾石为主，夹杂砂质细粒物质，大小混杂，分选性较差；扇缘以颗粒细小的粉沙、黏土为主，分选性好。成因：自扇顶至扇缘，流速逐渐降低，河流搬运能力逐渐减弱，粒径大的先沉积，粒径小的后沉积，因此，自扇顶至扇缘沉积物平均粒径由粗变细。

2. 分布特征：自扇顶至扇缘沉积物厚度逐渐变薄。成因：自扇顶至扇缘，河流搬运能力逐渐减弱，沉积物的大小及数量逐渐减小，所以厚度逐渐变薄。

------- ○ **任务 3** ○ -------

【活动】

1. 农业生产、聚落密集、道路广布等。

2. 示例：农业生产活动与黄河冲积扇的关系：地势平坦开阔，土层深厚，土壤肥沃，灌溉水源充足，人口稠密，劳动力充足，交通运输便利等。

3. 冲积扇地势较高，不易发生洪涝灾害；地形平坦开阔，土地资源充足，利于城市建设；人口稠密，劳动力充足；农业发达，为城市提供充足的农副产品；交通便捷；水资源充足，提供生产生活用水等。

4. 中原城市群沿黄河冲积扇与山前冲洪积倾斜平原的交接部位分布。黄河冲积扇为中原城市群提供了以下有利条件：①水资源：黄河及其支流提供丰富的地表水资源，黄河冲积扇和两翼的山前冲洪积扇还蕴藏有丰富的地下水资源。②土地资源：黄河冲积扇平原和与其相连的山前冲洪积扇平原地形平坦开阔，丰富的土地资源为中原城市群的发展提供了广阔空间。③城市地下空间资源：中原城市群各城市均坐落在山前平原地带，城市之下为巨厚的（第四系）松散地层，地质结构决定了城市具有丰富的地下空间资源。

5. 利：巨厚的松散地层沉积，地下空间充足，便于隧道开挖，难度较低，利于提高效率；地质结构稳定，利于施工和地铁安全。弊：部分地段地下水埋藏浅，需降水施工。

学习评价要点

1. 略（要求：材料合适，成品道具简洁美观，视频录制清晰、过程完整）。

2. 略（要求：结合实际情境和资源，逻辑清晰，论据充分）。

7 水脉经行

——跨越黄河

推介语

"黄河之水天上来，奔流到海不复回。"黄河，孕育了中华文明，为中华儿女提供了宽广的平原、甘甜的水源、肥沃的土壤，被亲切地称为"母亲河"。

郑州作为中原城市群的"龙头"，为了发挥"郑"中心的辐射带动作用，跨越黄河的交通线路建设势在必行。南水如何跨越黄河进入北地，成为南水北调工程的重中之重。河南人民以卓越的智慧和坚韧不拔的意志，克服了这些困难。现在，让我们走近母亲河，体会劳动人民的伟大。

学习目标

● 简述交通线路建设的区位条件和意义。

● 分析资源跨区域调配的原因及工程建设中遇到的困难。

● 说明资源跨区域调配带来的影响。

区域资源—课程标准双向对照表

课程标准中的"内容要求"	核心概念	区域资源	资源类型		
			图文资料	影音资料	实践基地
必修 2.6 结合实例，说明运输方式和交通布局与区域发展的关系。	交通线路布局 资源跨区域调配工程建设	桃花峪黄河大桥	√	√	
选择性必修 2.7 以某区域为例，说明产业转移和资源跨区域调配对区域发展的影响。		穿黄工程研学基地	√		√

教学设计流程

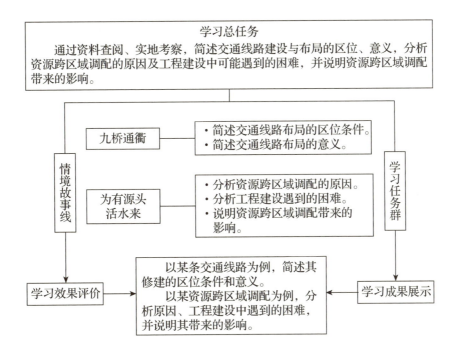

教学实施

------ ○ **任务 1** ○ ------

观看视频，了解郑州黄河大桥的变迁。

【资源】

图书馆资料、网络影音资料。

【活动】

河流给人类提供了广阔的平原、充足的水源、肥沃的土壤，孕育了人类文明。但同时，河流也对交通有一定的阻碍。

1. 早期渡河的方式有哪些？

2. 观看视频《黄河大桥的变迁》，说出郑州黄河大桥的变迁史，谈谈自己的感受。

------ ○ **任务 2** ○ ------

简述交通线路布局的区位条件。

【资源】

桃花峪黄河大桥。

【情境】

跨越天堑

改革开放前，黄河在河南段只有 5 座大桥。改革开放后，郑州快速发展，提出了"东扩北移、跨河发展"的建设方向。如今，郑州市域的黄河大桥有 9 座，仅桃花峪黄河大桥长度就达 7691 米。

【活动】

1. 为什么郑州市要修建九座黄河大桥？

2. 简述桃花峪黄河大桥修建的区位条件。

● 任务 3 ●

简述交通线路布局的意义。

【资源】

桃花峪黄河大桥。

【情境】

天堑变通途

黄河大桥的建成通车，对促进南北经济交流，推动沿黄城市群、中原城市群建设发挥了重大作用，促使"郑"中心的"朋友圈"不断扩大。

黄河大桥见证了郑州的快速发展，承载了无数人珍贵的集体记忆。对于郑州而言，黄河大桥不仅是桥，还是一个城市的象征，是天堑变通途梦想开始的地方。黄河大桥正书写着中国工程史上一个又一个传奇，其建设历程也是一部部中原儿女砥砺奋进的历史。

【活动】

简述桃花峪黄河大桥修建的意义。

● 任务 4 ●

初步了解南水北调工程，分析南水北调的原因。

【资源】

图书馆资料、网络影音资料等。

【活动】

1. 结合查阅到的资料，概括我国南水北调的原因。

2. 从工程量、调水量、水质、现有条件等方面评价我国东、中、西三条调水线路的建设条件。

3. 你还知道古今中外哪些调水工程？请对它们进行简单介绍。

分析南水北调工程建设中遇到的困难。

【资源】

穿黄工程研学基地。

【情境】

宏伟工程

穿黄工程是一项穿越大江大河的水利工程,是南水北调中线的标志性、控制性工程。来自丹江口水库的长江水自渠首出,一路自流向北,而黄河成为阻碍南水北去的天然屏障。为解决这一问题,人们在郑州花园口西黄河河床底部开凿了两条隧道,北上的长江水通过两条穿黄隧洞与黄河立体交叉,形成"江水不犯河水"之势俯冲而下,"开邙山、破泥沙、出河滩,排除万难穿越黄河"。

南水北调穿黄工程

【活动】

1. 分析南水北调工程建设中遇到的困难。
2. 要保证工程向北方稳定供水,还需要采取什么措施?

分析南水北调工程带来的影响。

【资源】

穿黄工程研学基地。

【情境】

甘甜水源

2014 年 12 月,南水北调中线一期工程正式通水,丹江水跨越数百千米,流向郑州市的千家万户。南水北调中线工程通水后,同步推进了南水北调水源置换和地下水压采。郑州受水区浅层地下水平均升幅较大。与此同时,置换出的黄河水成为郑州市的生态用水,生态水系有了更好的水源保障。

　　随着郑州航空港区的发展，对水资源的需求与日俱增。大量企业的入驻，更对水资源供应提出严峻考验。南水北调中线工程的通水，为航空港区的发展破解了难题，促进了中原外向型经济的发展。

　　如今，南水源源不断地从丹江口水库涌向郑州。一条新的水脉，正让中原"龙头"高高昂起。

【活动】

　　1. 分析南水北调中线工程对郑州的有利影响。

　　2. 分析南水北调中线工程对其沿线及丹江口水库下游的影响。

学习评价

　　1. 以某条交通线路为例，简述其修建的区位条件和意义。

　　2. 以某资源跨区域调配工程为例，分析开建原因、工程建设中遇到的困难，并说明其带来的影响。

本节教学实施评价要点

任务1

【活动】

　　1. 小船、羊皮筏子、拖轮、浮桥等。

　　2. 略。

任务2

【活动】

　　1. 经济发展迅速，城市用地面积扩大，交通运输需求增大等。

　　2. 有利条件：经济发展迅速，资金充足，技术发达，交通运输需求量大，等等。不利条件：跨越黄河，线路长，工程量大；淤泥质河滩，易桥基不稳；等等。

任务3

【活动】

　　完善河南省交通网络；提高运输效率；促进南北交流，助力中原城市群建设；促进沿线旅游业发展；带动相关产业发展，增加就业；等等。

任务 4

【活动】

1. 我国水资源分布总体南多北少。北方地区降水总量不大，地表径流量小，蒸发强（特别是春季）；工农业发达，用水量大；经济发展过程中，水资源污染、浪费严重，因而水资源供需矛盾尖锐。

2. 东线工程基本穿越平原地区，需逐级提水北上，过黄河可自流引水，工程量最小；位于河流下游，调水量最大、水质最差；可以利用京杭大运河河道，现有条件最好。中线工程位于河流中游，全程可自流引水，工程量、调水量、水质、现有条件等均适中。西线工程从长江上游向黄河上游调水，穿越山区，现有条件最差，工程量最大；位于河流上游，人类活动少，调水量最小，水质最好。

3.（1）示例：中国的都江堰、美国加利福尼亚州的北水南调、澳大利亚的东水西调、以色列北水南调等。（2）介绍略。

任务 5

【活动】

1. 调水线路长，工程量大；穿越黄河，技术要求高；资金消耗大；移民量大；等等。

2. 修建水库、大坝储水；制定相关法律法规，对沿途水资源实行统一管理；提高人们的节水意识，节约用水；严格治污、保证水质；等等。

任务 6

【活动】

1. 改善郑州的投资环境，为经济发展创造良好的社会条件；缓解水资源紧张状况，促进工农业发展；有利于城市环境的治理和绿化美化；有利于地下水的回补，控制地面沉降；有利于生态环境改善；有利于保护湿地和生物多样性。

2. 略。

学习评价要点

略。

8 力保黄河安澜 惠泽中华大地

——小浪底水利枢纽工程

推介语

它横跨黄河之上，南接洛阳孟津，北抵济源王屋山；它是世界上最大的堆石坝，横断黄河，高峡起平湖；它是黄河上最大的水利枢纽工程，控制着黄河约92%的流域面积；它被世界银行誉为该行与发展中国家合作项目的典范，在国内外赢得了广泛赞誉。它自投运以来，发挥了巨大的社会效益、经济效益和生态效益，为保障黄河中下游人民生命财产安全、促进经济社会发展、保护生态与环境做出了重大贡献。它就是位于河南的小浪底水利枢纽工程。就让我们一览其风采吧！

学习目标

● 说明修建小浪底水利枢纽的原因。

● 简述小浪底水利枢纽在工程技术上的非凡之处。

● 探究小浪底水利枢纽调水调沙的原理。

● 说明水利枢纽在黄河流域综合开发与治理中的作用。

课程小贴士

实践路线

小浪底爱国主义教育展厅—小浪底大坝—工程文化广场—调水调沙观景台—微缩黄河

推荐实践季节

室外观测活动为主，夏季最佳，观看调水调沙需提前确定准确时间

课程建议时长

1天

实践装备

雨衣、徒步鞋、遮阳帽、写字板、记录本、手机及指导教师要求的其他必带装备。

🚧 **安全事项**

　　以小组为单位统一行动，禁止翻越栏杆，一切行动听从指导教师和景区工作人员指挥；不私自做决定，有问题及时报告指导教师。

区域资源——课程标准双向对照表

课程标准中的"内容要求"	核心概念	区域资源	资源类型		
			图文资料	影音资料	实践基地
必修 1.7　运用示意图，说明水循环的过程及其地理意义。	水库大坝　调水调沙	小浪底水利枢纽工程	√	√	√
选择性必修 2.8　以某流域为例，说明流域内部协作开发水资源、保护环境的意义。					

教学设计流程

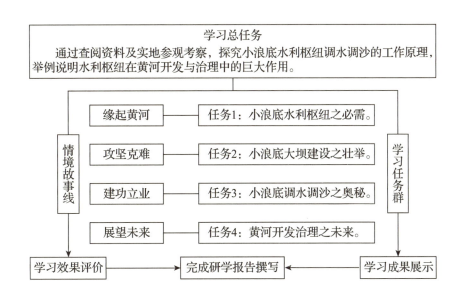

教学实施

········· ○ **任务 1** ○ ·········

小浪底水利枢纽之必需。

【地点】

小浪底爱国主义教育展厅。

【情境】

"要把黄河的事情办好"

黄河"善淤、善决、善徙",历史上黄河决口改道十分频繁。据统计,黄河下游堤防在1949年之前的2500多年里,决口1500多次,改道26次,平均"三年两决口,百年一改道"。自古以来,治理黄河都是头等大事。

"要把黄河的事情办好",是1952年毛主席在视察黄河时提出的要求,也是毛主席在新中国成立后第一次离京外出考察发出的伟大号召,从此,揭开了新中国人民治理黄河的序幕。

【活动】

1. 参观展厅,聆听讲解,说明修建小浪底水利枢纽的原因。
2. 举例说明小浪底水利枢纽工程技术的非凡之处。
3. 简述小浪底工程的综合效益。

········· ○ **任务 2** ○ ·········

小浪底大坝建设之壮举。

【地点】

小浪底大坝、工程文化广场。

【情境】

"愚公移山"

王屋山下,黄河之上,一座红色巨墙拔地而起,红色巨石层层叠叠,顶天立地,拦河蓄水,这就是小浪底大坝。正是中华民族愚公移山的精神,锻造了这座世界上最大的堆石坝。

小浪底大坝

小浪底大坝结构模型

【活动】

1. 遥望大坝，感受大坝之壮观。

2. 观地貌：

（1）站在坝顶，借助望远镜向上游方向观察库区地形地貌，与手机遥感地图比对。

（2）观察湖岸线和水库中岛屿的形态，想一想在水库蓄水前它们是什么样子。

（3）用手机遥感地图历史功能查看该地在1997年截流前的地形地貌，对比今昔地貌变化，思考如何计算水库蓄水后淹没的土地面积。

（4）站在坝顶，向下游方向观察河道形态，借助手机遥感地图，对比大坝两侧的河道形态差异，思考原因。

（5）结合观察结果，画出小浪底水库的地形素描图。

3. 测坝长，小组讨论设计方案并实施（提示：脚步丈量、手机地图测量等），将测量结果与官方数据进行比对。

4. 测坝高，利用手机地图定位功能记录坝顶海拔高度，然后下到坝底记录海拔高度，计算二者的相对高度，同时仰望大坝，感受其宏伟壮观。

5. 测落差，实地观测或向工作人员询问水库当前水位，计算大坝上下的水位落差。

任务 3

小浪底调水调沙之奥秘。

【地点】

调水调沙观景台。

【情境】

小浪底调水调沙

站在观景台上，只见巨大的水流喷薄而出，震耳欲聋。百米之内犹如雨天，水滴随风飘散，如果幸运，甚至可以看到彩虹横跨大坝。

定睛一看，发现水库排出的水流有清有浊，泾渭分明，清水碧波荡漾，让你不敢相信这是黄河水，而浑浊的水堪比泥浆，这是为何？

【活动】

现场观摩，亲身感受小浪底调水调沙的壮观景象，探究下列问题：

1. 小浪底一般什么时候排水排沙？为什么？

2. 小浪底是如何排沙的？

> **阅读**
>
>

小浪底水利枢纽——黄河调水调沙的成功典范

>
> 小浪底水库与三门峡水库相互配合，利用异重流排沙原理，提前降低水位，借洪水排沙，效果明显，成为黄河调水调沙的成功典范。
>
> 小浪底水利枢纽排沙的主要方式是异重流排沙。所谓异重流，可以理解为密度较大、含沙量较高的混浊水体，当这股"沙流"遇到库区的清水后便会下沉并向前运动，形成冲沙的原动力。
>
> 从三门峡水库下泄的洪流有两大作用：一是直接冲刷淤积在小浪底库尾的泥沙；二是借助异重流效应把泥沙从小浪底的库前推到坝前，此时若打开小浪底泄洪建筑物的低位排沙孔，便能把库区泥沙顺畅地排到库外。
>
> 在汛期来临前，小浪底水库敞开泄流闸门，提前腾库预泄，降低运行水位。这样做有两个好处：一是增加防洪库容，有效降低下游滩区洪水漫灌的风险；二是库区水量减少，泥沙的含量和密度升高，借助异重流冲沙，效果更佳。
>
> 在黄河花园口以上河段，流量大，水量足，冲沙优势得天独厚。到了次年，再利用清水大流量将淤积的泥沙冲刷带走。如此一来，只要运用得当，洪水也能为治理泥沙作贡献。
>
> 小浪底水利枢纽与三门峡水库双剑合璧，能够减缓黄河下游河道淤积，还可以通过人造洪峰、调水调沙等方式长期发挥较大的减淤作用。

黄河开发治理之未来。

【地点】

微缩黄河。

【情境】

巡游黄河

这是一个按照比例缩小的黄河流域沙盘，从源头到渤海湾，一座座水库沿河分布。它们在黄河开发与治理过程中发挥着什么样的作用？黄河的未来又会怎样？如何实现黄河流域高质量发展？

【活动】

1. 参观微缩黄河，从黄河源头走到入海口，全面了解黄河流域的大型水库分布情况。在行走过程中详细介绍每一座水库，并拍摄科普视频。

2. 研讨黄河流域如何实现高质量发展。

学习评价

1. 精选一些你当天拍的比较有意义的照片，并配文与老师和同学分享。

2. 根据考察过程中的所见所思，自定主题，撰写一篇研学报告。

本节教学实施评价要点

·⋯⋯⋯⋯⋯⋯⋯⋯ ◦ **任务 1** ◦ ⋯⋯⋯⋯⋯⋯⋯⋯·

【活动】

1. 与三门峡水库相配合，最大限度地调水调沙，防洪发电。

2. 例如，是世界上最大的堆石坝。

3. 防洪、发电、减淤、灌溉、防凌、旅游等。

·⋯⋯⋯⋯⋯⋯⋯⋯ ◦ **任务 2** ◦ ⋯⋯⋯⋯⋯⋯⋯⋯·

【活动】

略。

········ ◦ **任务 3** ◦ ········

【活动】

1. 每年黄河汛期来临之前，小浪底会调水冲沙，一般在 6 月 20 日至 7 月 10 日之间，把含有大量泥沙的浊流从排沙洞中冲掉，留出库容防洪。

2. 略。

········ ◦ **任务 4** ◦ ········

【活动】

略。

学习评价要点

1. 略（要求：照片清晰，观点明确，解释合理）。
2. 略（要求：主题明确，论证充分，逻辑性强）。

9 锁洪流 守安澜
——黄河大堤郑州段

推介语

你用擎天的担当，挽起了大河风光；你用坚实的胸膛，包蕴好大河乳汁；你用忠诚的守护，庇佑着亿万儿女；你用丰富的内涵，传承着古今文化；你用斑斓的风景，共筑着流域幸福；九曲黄河万里沙，商都千年话沧桑；忆昔日天灾人祸，展今朝人水和谐。是什么样的卫士，守护着母亲河的安澜，见证着幸福河的绿色发展？

黄河大堤郑州段，等你来！

学习目标

● 认识研学线上黄河流经的地形区，并说明地上悬河的成因。

● 寻找和认识黄河大堤上的防护措施，并分析其对黄河水患的防御作用。

● 欣赏黄河文化遗迹，领悟黄河文化及人水和谐的内涵。

课程小贴士

🗺 **实践路线**

黄河千里大堤零公里界碑—花园口黄河大堤—马渡黄河大堤

🌱 **推荐实践季节**

黄河水位稳定期，建议春、秋、冬季

⏱ **课程建议时长**

1 天

📋 **实践装备**

徒步鞋、运动长裤、遮阳帽、写字板、记录本、手机及指导教师要求的其他必带装备。

⚠ **安全事项**

以小组为单位统一行动，禁止下河，一切行动听从指导教师和景区工作人员指挥；不私自做决定，有问题及时报告指导教师。

区域资源—课程标准双向对照表

课程标准中的"内容要求"	核心概念	区域资源	资源类型		
			图文资料	影音资料	实践基地
必修 1.11 运用资料，说明常见自然灾害的成因，了解避灾、防灾的措施。	洪涝灾害 悬河 堤坝 丁坝 石垛 防浪林	华北平原的相关资料	√	√	
		黄河分界线的相关资料	√	√	√
		黄河地上悬河的相关资料	√	√	
		防洪措施的相关资料	√	√	√
		整治黄河水患的历史资料	√	√	√

教学设计流程

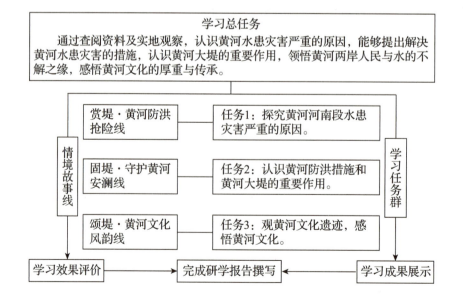

教学实施

探究黄河河南段水患灾害严重的原因。

【地点】

黄河千里大堤零公里界碑。

【情境】

大江大河的防汛关系重大,其中重中之重又数黄河。"黄河西来决昆仑,咆哮万里触龙门。"中国第二长河——黄河,源于世界屋脊,途经"塞上江南"、黄土高原和华北平原,给两岸以灌溉之利和水能之便。黄河是中华民族的母亲河,千百年来,黄河两岸孕育了许多优秀文化。黄河还是世界上含沙量最大的河流,流经下游华北平原的时候,大量泥沙淤积,河床高于地面,形成"地上河"。

历史上黄河多次决口,北夺海河、南侵淮河,威胁着沿岸人民的生命与财产安全,带来了巨大的灾难。处于黄河下游的郑州,曾多次深受黄河决口之害,防洪成为黄河下游地区人们的重要任务。

【活动】

1. 黄河从商都流过,开始了神奇的"悬河"奇观。观黄河千里大堤,说出黄河自此流经的平原名称及"悬河"成因。

2. 观黄河大堤,测量大堤的宽度,拍摄大堤平工段美照。"悬河"头,华北轴,说出黄河大堤从此处开始修建的原因。

认识黄河防洪措施和黄河大堤的重要作用。

【地点】

花园口黄河大堤。

【情境】

大堤是黄河防洪工程系统的主要组成部分。黄河大堤历史悠久,春秋时期就有堤防,到战国时期黄河下游堤防已经具有相当规模。秦汉时期,黄河下游堤防逐渐完备。五代、北宋时期则已经有了双重堤防,明代隆庆到清代乾隆前期是黄河下游堤防建设的一个高潮。这一时期,传统的河工理论日益完备,传统河工技术高度成熟和普及。

1949 年前,黄河下游大堤堤身残破,防御能力很低。新中国成立以来,黄河大堤经过不断改造,加高加固,石坝护岸,加上堤旁种树、堤身植草等措施,防洪能力得到大大提高。

堤防工程:黄河下游两岸皆筑有大堤。黄河大堤总长约 1370 千米,包括两岸的临黄大堤等，是黄河下游防洪工程的重要组成部分。

险工和平工：险工是指在堤防容易发生危险的地段所修的防护工程。为了防止水流淘刷，在直接临河的堤防险段上修筑丁坝、垛和护岸工程，称为"险工"，如"花园口险工"。不靠河水的堤段，习惯上称为"平工"。险工堤段平时要进行维修加固，汛期要加强防守，一旦发现险情须及时抢护，防止堤防决口。险工作为河道整治工程的组成部分，不仅可防止水流冲塌堤防，而且可控导水流，在稳定河势中发挥了重要作用。

丁坝和石垛：黄河大堤上丁坝鳞次栉比、石垛林立。丁坝一般与河岸呈"丁"字形，其主要功能是保护河岸不受水流直接冲刷。石垛是防汛备料，位于易出险的堤防或丁坝附近，遇到河水过猛，水流直冲大堤，容易造成溃堤决口的险情时，可以把这些石头第一时间推进险情处，防止意外的发生。

丁坝和石垛

防浪林：在黄河大堤上种树不仅有助于堤防的巩固，而且能提供河防用料。在大堤内侧建设一定宽度的防浪林，防止洪水直接冲刷大堤，是一项确保大堤安全的生物防护工程。同时，大面积的防浪林对绿化黄河、防洪固沙、恢复黄河滩区生态、改善沿黄人民群众的生活环境也有着巨大的作用。

千里黄河大堤路，既是保一方平安的防汛运输通道，也是一条壮观的景观大道。黄河大堤在黄河下游绵延，形成了一道独特的风景，被誉为"水上长城"。

【活动】

1. 参观花园口将军坝、镇河铁犀，看碑文，讲述关于黄河大堤的历史故事，感悟黄河大堤的历史沧桑。

2. 参观花园口事件记事广场、一九三八年扒口处、安澜广场等，吟唱《黄河大合唱》，见证黄河历史，了解黄河下游洪灾危害及其影响范围。

3. 参观花园口险工工程，说出险工堤段与平工堤段的区别。

4. 寻找丁坝、石垛等防洪工程，并拍照留念。

5. 近距离观察丁坝，说出丁坝对河流流速、沿岸堤坝、泥沙淤积等方面的影响。

6. 观察大堤上的石垛，说出其作用。

7. 观赏大堤两旁层次分明、错落有致的防护林带,说说其作用。

───────○ **任务 3** ○───────

观黄河文化遗迹,感悟黄河文化。

【地点】

马渡黄河大堤。

【情境】

黄河承载着数不尽的历史记忆。传奇的"泥马渡康王"的历史故事见证着黄河文化的源远流长和博大精深。大河滔滔,岁月奔流。黄河把最精彩的华章留在中原大地上。以敬畏之心观黄河人水和谐盛景,以感恩之心念母亲河文化传承。

【活动】

1. 赏雕塑、读碑文,了解"马渡"之名的由来。

2. 近距离观黄河东流盛景,览母亲河之壮美,吟诗词,拍美照,感悟黄河文化。

学习评价

1. 提交一份关于黄河大堤作用的研学报告。

2. 制作关于黄河"郑"展新画卷的相关作品。

3. 郑州沿黄生态廊道将打造成"自然风光 + 黄河文化 + 慢生活"生态休闲体验带、黄河流域生态保护和高质量发展长廊。请为黄河大堤郑州段未来永葆亮色提出你的建议。

本节教学实施评价要点

───────○ **任务 1** ○───────

【活动】

1. 黄河出黄土高原,入华北平原,由于流速减缓,泥沙淤积,河床抬高,成为地上悬河。

2. 略。

───────○ **任务 2** ○───────

【活动】

1. 略。

2. 略。

3. 险工是指在堤防容易发生危险的地段所修的防护工程，其作用是防止水流淘刷。平工是指不靠河水的堤段。

4. 略。

5. 水流经过丁坝后，流速明显降低；丁坝对水流有较好的消能效果，可截留泥沙，减少水流对大坝的冲击。

6. 石垛是防汛备料，堆放于易出险的堤防或丁坝附近。当遇到水位猛涨、大堤受冲刷严重、易出现溃堤险情时，可用这些石头抢险。

7. 巩固堤防、防洪固沙、恢复黄河滩区生态等。

任务 3

【活动】

略。

学习评价要点

1. 略（要求：主题明确，论证充分，逻辑性强）。

2. 略（要求：角度新颖，图文丰富）。

3. 略（要求：科学合理，内涵丰富，可操作性强）。

10 黄河滩地的 高质量发展

——以兰考为例

推介语

黄河孕育中原厚土,泽被中原文明。在黄河的最后一道弯上,兰考人民曾经深受风沙、盐碱、洪涝之苦,深受贫困之苦。上溯六十载,焦裕禄书记带领全县人民种泡桐,战"三害"。如今的兰考,天更蓝了,水更清了,沙变绿了,群众脱贫致富了。兰考不仅实现了可持续发展,而且正在向高质量发展的新阶段迈进。

学习目标

● 识别兰考黄河滩地的地貌类型,描述其特点。
● 分析兰考黄河滩地发展农业生产的条件。
● 说明兰考黄河滩地可持续发展的措施。

课程小贴士

🌏 **实践地点**

河南兰考东坝头黄河滩

🌡 **推荐实践季节**

室外观测活动为主,夏、秋季节最佳

🦉 **课程建议时长**

1 天

📖 **实践装备**

徒步鞋、运动长裤、遮阳帽、写字板、记录本、手机及指导教师要求的其他必带装备。

⏱ **安全事项**

以小组为单位统一行动,禁止下河,一切行动听从教师指挥;不私自做决定,有问题及时报告指导教师。

区域资源—课程标准双向对照表

课程标准中的"内容要求"	核心概念	区域资源	资源类型		
			图文资料	影音资料	实践基地
必修 1.4 通过野外观察或运用视频、图像,识别 3~4 种地貌,描述其景观的主要特点。	河流地貌	河南兰考黄河滩地	√	√	√

教学设计流程

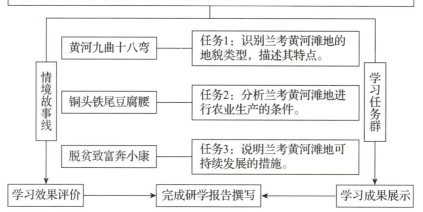

教学实施

任务 1

识别兰考黄河滩地的地貌类型,描述其特点。

【资源】

河南兰考黄河滩地。

【情境】

"黄河之水天上来,奔流到海不复回。"黄河发源于巴颜喀拉山北麓,中上游以山地为主,中下游以平原、丘陵为主。兰考位于黄河下游。我们把下游河道和黄河大堤之间的区域称为黄河滩。

【活动】

1. 指出兰考黄河滩地的地貌类型,并描述其特点。
2. 识别槽形谷、冲积平原地貌。
3. 通过对比,描述兰考黄河滩地的槽形谷和"V"形谷的地貌特点。

阅读

河流地貌的发育

一、河谷的演变

河流是塑造地表形态的重要外力,它对河谷不断侵蚀,搬运的物质不断堆积,使河谷形态发生变化。

在河流发育初期,河流落差大,流速快,侵蚀作用以向下和向源头侵蚀为主,使河谷不断加深和延长。这时的河谷深而窄,谷壁陡峭,横剖面呈"V"形。"V"形河谷形成后,河流落差减小,河流向下侵蚀的作用减弱,向河谷两岸的侵蚀作用加强,河道开始变得弯曲。河流在凹岸侵蚀,在凸岸堆积,使得河道更加弯曲,河谷拓宽。经过漫长的过程,河谷展宽,横剖面呈宽而浅的槽形。

二、冲积平原的形成

被河流搬运的物质沉积下来,形成河流堆积地貌。冲积平原是比较典型的一种河流堆积地貌,包括山前冲积平原、河漫滩平原和三角洲平原三种类型。

在山区,由于地势陡峭,洪水期水流速度快且挟带了大量砾石和泥沙。当河流流出山区进入平原,由于地势趋于平缓,河道变得开阔,水流速度减慢,河流搬运的物质逐渐在山前沉积下来,形成扇状堆积地貌,称为冲积扇。几条河流的冲积扇不断扩大而彼此联合,就形成广阔的山前冲积平原。

河流流经地势平坦的地区常形成曲流,尤以中下游地区常见。河流在凸岸堆积,形成水下堆积体。堆积体不断升高扩大,在枯水期露出水面,形成河漫滩。汛期,河漫滩被洪水淹没,继续接受堆积。如果河流改道或者继续向下侵蚀,河漫滩便被废弃。多个被废弃的河漫滩连接在一起,形成了宽广的河漫滩平原,这是冲积平原的主体。

当挟带着大量泥沙的河流流入海洋时,如果入海处水下坡度平缓,河水流速减慢,泥沙便会沉积在河口前方,形成近似三角形的堆积体,称为三角洲。随着沉积物质的增加,堆积体向海洋一侧扩展,便发展成为面积广大的三角洲平原。

• **任务 2** •

分析兰考黄河滩地进行农业生产的条件。

【资源】

河南兰考黄河滩地。

【情境】

兰考地处豫东平原,黄河九曲十八弯的最后一道弯。历史上,黄河多次在兰考决口改道,黄河故道横贯东西,地面凹凸不平。兰考属温带季风气候,四季分明,冬季受西北风影响,寒冷干燥;春季气温回升快,干旱多风;夏季高温多雨;秋季天高气爽。兰考多年平均气温为14℃,降水多集中在7、8、9月。这样的自然条件造成兰考"风沙、盐碱、内涝"三大自然灾害肆虐,曾经流传这样的民谣:"冬春风沙狂,夏秋水汪汪,一年劳动半年糠。"

盐碱化是指土壤底层或地下水的盐分随毛管水上升到地表,水分蒸发后,使盐分积累在表层土壤中的过程。较浅的地下水和强烈的蒸发是盐碱化发生的主要条件。

【活动】

1. 分析兰考黄河滩地发展农业的优势条件。
2. 从气候和沙源的角度,分析"冬春风沙狂"的主要原因。
3. 从气候和地貌的角度,分析"夏秋水汪汪"的主要原因。
4. 分析黄河滩地的地貌在土壤盐碱化形成过程中的作用。

阅读

焦裕禄精神

据《兰考县志》记载,从1171年至1949年,黄河兰考段决口143次之多。故道、故堤和沙丘、村庄结合,形成上百个风口。加上地势低、地下水位高、土壤含碱量大,风沙、内涝、盐碱成了兰考数百年不绝的"三害"。

1962年,焦裕禄就任兰考县委书记。他在一年多时间里,把兰考的情况摸了个透。为了除"三害",他在全县推广翻淤压沙、种植刺槐固沙的封沙丘方法。后来发现沙土地能种泡桐,泡桐长得快,既能挡风又能压沙,焦裕禄又带领大家种植以泡桐为主要树种的生态防护林。因过度劳累导致肝病越来越严重,1964年5月14日,"县委书记的榜样"焦裕禄病逝。

2009年4月,习近平同志专程到兰考,致敬忠魂。在干部群众座谈会上,他把焦裕禄精神概括为"亲民爱民、艰苦奋斗、科学求实、迎难而上、无私奉献"。2014年3月,再次踏上兰考的土地,习近平总书记动情地说,我们这一代人都深受焦裕禄精神影响,焦裕禄精神"过去是、现在是、将来仍然是我们党的宝贵精神财富"。

任务 3

说明兰考黄河滩地可持续发展的措施。

【资源】

河南兰考黄河滩地。

【情境】

以前，兰考人民在黄河滩地种粮食，但因土壤贫瘠，收成有限。现在，这里变成了种植紫花苜蓿的现代化优质草场。紫花苜蓿蛋白质含量特别高，被称为"牧草之王"，在含盐量 0.2% 的土壤中也能生长良好。它的根系非常发达，可以涵养水源、防风固沙，还有固氮的作用，可以改土肥田。苜蓿是多年生草本植物，在地里播种一次，可以长四年，中间不用翻土，一年可以收六茬。当地通过土地流转、入股分红、订单收购，直接助力农民增收。

兰考黄河滩地面积大、人口多，但安全建设一度滞后，"洪水漫滩—家园重建—再漫滩"的状况没有发生根本改变。为了防止漫滩洪水的危害，滩区群众逐步修建了生产堤，不仅缩窄了输送洪水的通道，而且影响了滩槽的水沙交换，使主槽淤积更加严重，进一步加剧了滩区的洪灾风险，威胁下游整体防洪安全。从长远看，解决滩区群众防洪安全，促进滩区群众脱贫致富，实现治河和惠民的有机结合，其根本出路在于滩区居民迁建。

兰考以黄河湾风景区建设为引领，积极开展退耕还湿、退养还滩、引水增湿、生态补水，稳定和扩大湿地面积；开展污染和有害生物防控，修复受损湿地，恢复水生植物，改善湿地生态质量，维护湿地生态系统的完整性和稳定性，提升湿地生态系统功能。

【活动】

1. 分析兰考黄河滩地种植紫花苜蓿的原因。
2. 分析生态移民对黄河滩区可持续发展的作用。

> **阅读**
>
> ### 黄河流域生态保护和高质量发展
>
> 2019 年，习近平总书记在河南主持召开黄河流域生态保护和高质量发展座谈会时强调，共同抓好大保护，协同推进大治理，让黄河成为造福人民的幸福河。治理黄河，重在保护，要在治理。要坚持山水林田湖草综合治理、系统治理、源头治理，要坚持"绿水青山就是金山银山"的理念，坚持生态优先、绿色发展，以水而定、量水而行，因地制宜、分类施策，上下游、干支流、左右岸统筹谋划，着力加强生态保护治理，保障黄河长治久安，促进全流域高质量发展。
>
> 在黄河下游，推进滩区生态综合整治。合理划分滩区类型，因滩施策、综合治理下游滩区，统筹做好高滩区防洪安全和土地利用。实施黄河下游贯孟堤扩建工

程，推进温孟滩防护堤加固工程建设。实施好滩区居民迁建工程，积极引导社会资本参与滩区居民迁建。加强滩区水源和优质土地保护修复，依法合理利用滩区土地资源，实施滩区国土空间差别化用途管制，严格限制自发修建生产堤等无序活动，依法打击非法采土、盗挖河沙、私搭乱建等行为。对与永久基本农田、重大基础设施和重要生态空间等相冲突的用地空间进行适度调整，在不影响河道行洪的前提下，加强滩区湿地生态保护修复，构建滩河林田草综合生态空间，加强滩区水生态空间管控，发挥滞洪沉沙功能，筑牢下游滩区生态屏障。

学习评价

1. 精选一些你当天拍的能体现黄河滩地地貌特点的照片，并配文与师生分享。
2. 在当天的实践过程中，你还发现了哪些农业生产类型？试分析其农业生产条件。
3. 根据考察过程中的所见所思，自定主题，撰写一篇实践报告。

本节教学实施评价要点

任务 1

【活动】

1. 兰考黄河滩地属于冲积平原地貌，地形平坦开阔，土层深厚。
2. 略。
3.

河谷类型	河谷深度	河谷坡度	谷底宽度
槽形谷	浅	小	宽
"V"形谷	深	大	窄

任务 2

【活动】

1. 地形平坦开阔；土层深厚，土壤肥沃；靠近河流，水源充足。
2. 冬春季节干旱，多大风；河滩沙地，沙源充足。
3. 夏季多暴雨，地势低平。
4. 春季干旱；地势低平；地下水位高。

········ ◦ **任务 3** ◦ ········

【活动】

1. 自然原因：苜蓿耐盐碱；根系发达，能够涵养水源、防风固沙；根系固氮，改土肥田；是多年生草本植物，能够减少翻土。社会经济原因：一年收六茬，经济效益高；增加就业，增加收入。

2. 生态效益：保护湿地。社会效益：减少洪水威胁。经济效益：促进土地规模化经营，发展现代农业；发展旅游业；加快脱贫致富。

学习评价要点

1. 略（要求：照片清晰，特点突出，解释合理）。

2. 略（要求：至少说出一种农业生产类型，从自然条件和社会、经济、生态效益方面分析其农业生产条件）。

3. 略（要求：主题明确，论证充分，逻辑性强）。

11 郑州的城市记忆
——黄河邙山提灌站

推介语

你知道每天喝的自来水从哪儿来吗？

郑州邙山提灌站是郑州黄河风景名胜区的前身，一度供应了郑州城区超过60%的居民用水和沿途近10万亩的农灌用水，被誉为"郑州的生命线"。如今，郑州"喝"上了南水北调的甘甜丹江水，但邙山提灌站依然是郑州市的重要备用水源地，并肩负着郑州生态用水的重任。

它的建成，是一段充满汗水、拼搏、牺牲与智慧的传奇，值得每一个郑州人铭记。为什么要在邙山建提灌站？建设过程中遇到了什么问题？又是如何解决的？它的建设给郑州带来了怎样的影响？今天，我们就一起来探寻郑州的这段城市记忆。

学习目标

- 简述郑州解决水资源短缺问题的措施。
- 分析提灌站选址邙山的原因。
- 针对黄河邙山提灌站在引水过程中遇到的困难，提出可行性措施。
- 说明黄河邙山提灌站在不同时期对郑州的意义。

课程小贴士

实践路线

邙山小顶山—极目阁—提灌站渠首—提灌站导流渠—星海湖取水口—牵手广场

推荐实践季节

室外观测活动为主，夏、秋季节最佳

课程建议时长

1天

实践装备

徒步鞋、运动长裤、遮阳帽、写字板、记录本、手机及指导教师要求的其他必带装备。

安全事项

以小组为单位统一行动,禁止下河,一切行动听从指导教师和景区工作人员指挥;不私自做决定,有问题及时报告指导教师。

区域资源—课程标准双向对照表

课程标准中的"内容要求"	核心概念	区域资源	资源类型		
			图文资料	影音资料	实践基地
选择性必修 3.1 结合实例,说明自然资源的数量、质量、空间分布与人类活动的关系。	水文特征 水资源 水危机 地理信息技术	邙山小顶山			√
		邙山提灌站	√		√
		邙山提灌站建设相关资料	√	√	
		星海湖、牵手广场	√		√
		邙山提灌站渠道			√
必修 2.11 通过探究有关人文地理问题,了解地理信息技术的应用。		邙山提灌站导流渠			√

教学设计流程

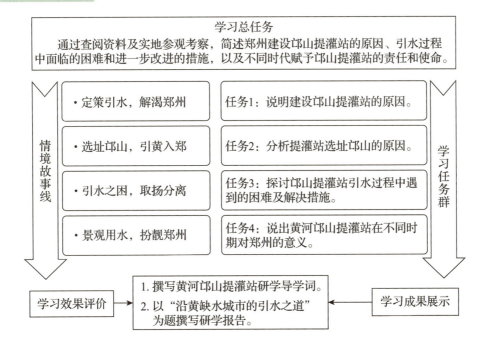

教学实施

‧‧‧‧‧‧‧‧‧ **任务1** ‧‧‧‧‧‧‧‧‧

说明建设邙山提灌站的原因。

【地点】

邙山小顶山。

【情境】

定策引水，解渴郑州

20世纪40年代，郑州只有十几万人，主要水源是井水。五六十年代，随着河南省会迁至郑州以及大批工厂的兴建，郑州市人口激增，"水荒"也日益加剧。当时，居民家里时常停水，印染厂、电缆厂等用水大户时不时被迫停产，甚至来往郑州的火车都不能正常加水。

"山上吃水贵如油，山下黄河白白流。"曾经，黄河岸边邙山头流传着这样的民谣。为解决用水问题，郑州市决定"引黄入郑"，修建邙山提灌站。

【活动】

1. 远眺黄河，说出黄河郑州段的水系特征和水文特征。

2. 找到1952年毛泽东视察黄河处，面向黄河拍照，并与当时的照片对比，找差异。

3. 结合时代背景，分析20世纪70年代郑州市决定修建邙山提灌站"引黄入郑"的原因。

‧‧‧‧‧‧‧‧‧ **任务2** ‧‧‧‧‧‧‧‧‧

分析提灌站选址邙山的原因。

【地点】

极目阁。

【情境】

选址邙山，引黄入郑

邙山地处黄河南岸，京广铁路横贯南北，历史上曾是战略要地，但现实中一度是一片沟壑纵横的荒山秃岭。1970年，邙山提灌站动工兴建。郑州全市总动员，引黄干渠施工线上人山人海，热火朝天。1972年，邙山提灌站正式建成通水。有了它，经过初步沉淀的黄河水通过8根巨大的提水管道被提到半山腰，经干渠流到贾鲁河、西流湖，再由郑州市柿园水厂处理后，经过自来水管网流到居民家中。邙山提灌站的通水，保证了郑州70%的工业用水和市民生活用水，解决了干渠沿线10万亩农田灌溉用水的难题，打通了郑州的"水上生命线"。

【活动】

1. 远眺对比黄河与星海湖水颜色的差异，并推测原因。

2. 俯瞰提灌站全貌,分析黄河邙山提灌站选址于此的原因。

· 任务 3 ·

探讨邙山提灌站引水过程中遇到的困难及解决措施。

【地点】

提灌站渠首、提灌站导流渠、星海湖取水口。

【情境】

引水之困,取扬分离

邙山提灌站要将混浊的黄河水"提"到 30 多米高的山上,水泵转速较高,叶轮被泥沙磨损,必须频繁更换昂贵的叶轮。泥沙中杂草极多,坚韧且长的草根一旦进入水泵,就会导致水泵停机,影响提水供水大局。

工程采用"取扬结合"方案,即从黄河取水后用水泵抽上邙山,沿渠兴建沉沙池沉淀泥沙,然后把清水送往西流湖。但通往西流湖干渠上的大小沉沙池很快就淤满了。根据郑州地形地貌和黄河水文特征,专家将"取扬结合"方案改为"取扬分离"。取扬分离,即在滩地建沉沙池,让黄河水在其中自然沉淀,澄清后再抽到邙山上。沉沙池的泥沙再用抽沙船抽出来,这样便可永续使用。

【活动】

1. 参观提灌站渠首的工程设施,了解各类设施的功能和作用。

2. 利用地图软件,分别读出提灌站渠首处和提灌站导流渠处的海拔高度,计算二者的高差。

3. 分析扬水高程的影响因素。

4. 简述黄河邙山提灌站在早期引水过程中遇到的困难。

5. 分别在提灌站导流渠处和星海湖取水口处用携带的矿泉水瓶各取一瓶水,观察二者的差异。

6. 观察星海湖中的船和管道,推测它们的作用。

7. 推测星海湖在邙山提灌站工程中的作用并分析星海湖选址的条件。

· 任务 4 ·

说出黄河邙山提灌站在不同时期对郑州的意义。

【地点】

牵手广场。

【情境】

景观用水,扮靓郑州

进入 21 世纪,邙山提灌站承担了供应郑州景观用水的任务。郑州"南部四河景观用水邙山干渠综合整治工程"于2010年开工建设。此项输水工程贯通后，与已经通水的东风渠、引黄补源灌溉工程一起成为郑州市南北河流的生命之源。随着南部4条河流带来的黄河活水的注入，郑州告别了"干河""臭水"的景况，金水河不再混浊，东风渠不再干枯，熊儿河不再断流，十七里河、十八里河等也将绿波荡漾。

2014年，南水北调引水进入郑州，市区饮用水源切换，但邙山提灌站依然发挥着重要作用，一方面是最为重要的备用水源，另一方面为郑州提供景观用水。

【活动】

1. 讲讲星海湖名称的由来，齐唱《保卫黄河》，感受黄河精神。

2. 听工作人员讲解2021年"7·20"暴雨后，邙山提灌站作为备用水源发挥的重要作用。

3. 说明黄河邙山提灌站在不同时期对郑州的意义。

学习评价

1. 通过收集资料和实地勘察，画出邙山提灌站工程示意图或制作邙山提灌站模型。

2. 撰写黄河邙山提灌站研学导学词（1000字以内）。

3. 以"沿黄缺水城市的引水之道"为题撰写研学报告（1000字以上）。

本节教学实施评价要点

任务1

【活动】

1. 水系特征：游荡性河流。水文特征：流量大，季节和年际变化大，夏季汛期明显，冬季有结冰期，流速慢，含沙量大。

2. 黄河河道变迁，向北推进了500米左右；黄河铁路桥的发展，由郑州黄河大桥一座发展到三座。

3. 新中国成立后，人口激增，生活用水快速增加；工农业快速发展，生产需水量大增；地表水含沙量大，无法直接饮用，主要水源为地下水，而地下水资源相对有限，出现严重"水荒"；黄河郑州段地处黄河下游，河流径流量大，能为郑州用水提供充足保障。

任务2

【活动】

1. 星海湖湖水较清澈，呈绿色；黄河水较混浊，呈黄色。原因：黄河水流速较快，挟沙能力强，含沙量大；星海湖湖水流速慢，泥沙沉淀，湖水清澈。

2. 郑州地处我国地势第二、三级阶梯过渡地带，北依邙山，有利扬水，利用自然地势自流供水，可减少工程量；取水点靠近上游，污染较小，水质相对较好；交通基础设施条件相对较好。

········· ○ **任务3** ○ ·········

【活动】

1. 略。

2. 提灌站渠首处 125.8 米，提灌站导流渠处 94.5 米，两地的高差为 31.3 米。

3. 高度要满足渠水自流；不能过高以便控制成本。

4. 黄河水含沙量高，泥沙磨损水泵，必须频繁更换昂贵的叶轮；杂草导致水泵停机，影响供水；"取扬结合"导致沉沙池、西流湖淤积严重，蓄水功能减退。

5. 提灌站导流渠处的水与星海湖取水口处的水相比，水质更好更清澈。

6. 星海湖中的船起挖沙作用；管道起输沙作用。

7. 星海湖在邙山提灌站工程中的作用：沉淀泥沙。星海湖选址的条件：与主河道距离较远，河滩开阔，为工程修建提供充足用地；距提灌站导流渠较近，方便扬水。

········· ○ **任务4** ○ ·········

【活动】

1. 黄河精神是艰苦奋斗、知难而上、勇于创新、乐于奉献的精神。

2. 略。

3. 南水北调引水入郑州前，黄河邙山提灌站为城市生产生活和农业灌溉提供水源；南水北调引水入郑州后，黄河邙山提灌站一方面是最为重要的备用水源，另一方面为郑州提供景观用水。

学习评价要点

1. 略（要求：突出主要工程设施的位置、相互关系和作用，注释合理）。

2. 略（要求：主题突出，语句优美，具有吸引力和感染力）。

3. 略（要求：主题明确，论证充分，逻辑性强）。

图书在版编目（CIP）数据

融入区域资源的高中地理教学设计丛书. 滔滔大河 /赵丽霞，张伟利主编. — 上海：上海教育出版社，2022.12
ISBN 978-7-5720-1786-5

Ⅰ.①融… Ⅱ.①赵… ②张… Ⅲ.①中学地理课－教学设计－高中Ⅳ.①G633.552

中国版本图书馆CIP数据核字(2022)第232899号

责任编辑　杨宏玲　李宜璇
封面设计　周　吉

融入区域资源的高中地理教学设计丛书
滔滔大河
赵丽霞　张伟利　主编

出版发行　上海教育出版社有限公司
官　　网　www.seph.com.cn
地　　址　上海市闵行区号景路159弄C座
邮　　编　201101
印　　刷　上海商务联西印刷有限公司
开　　本　787×1092　1/16　印张 17.75（全3册）
字　　数　366 千字（全3册）
版　　次　2023年1月第1版
印　　次　2023年1月第1次印刷
书　　号　ISBN 978-7-5720-1786-5/G.1629
定　　价　98.00 元（全3册）
审 图 号　GS(2022)5179号

如发现质量问题，读者可向本社调换　电话：021-64373213

赵丽霞 张伟利 主编

融入区域资源的高中地理教学设计丛书

第①分册

上海教育出版社
SHANGHAI EDUCATIONAL
PUBLISHING HOUSE

图书在版编目（CIP）数据

融入区域资源的高中地理教学设计丛书. 峻秀山岳 / 赵
丽霞，张伟利主编. — 上海：上海教育出版社，2022.12
ISBN 978-7-5720-1786-5

Ⅰ.①融… Ⅱ.①赵…②张… Ⅲ.①中学地理课－教学
设计－高中 Ⅳ.①G633.552

中国版本图书馆CIP数据核字(2022)第245408号

责任编辑　杨宏玲　李宜璇
封面设计　周　吉

融入区域资源的高中地理教学设计丛书
峻秀山岳
赵丽霞　张伟利　主编

出版发行　上海教育出版社有限公司
官　　网　www.seph.com.cn
地　　址　上海市闵行区号景路159弄C座
邮　　编　201101
印　　刷　上海商务联西印刷有限公司
开　　本　787×1092　1/16　印张 17.75（全3册）
字　　数　366 千字（全3册）
版　　次　2023年1月第1版
印　　次　2023年1月第1次印刷
书　　号　ISBN 978-7-5720-1786-5/G.1629
定　　价　98.00 元（全3册）
审 图 号　GS(2022)5179号

如发现质量问题，读者可向本社调换　电话：021-64373213

本册编委名单

顾　问　姬文广

主　编　赵丽霞　张伟利

副主编　杨青华　秦龙洋　董英豪　薄夫宝

编　委　赵丽霞　张伟利　杨青华　秦龙洋　董英豪

　　　　薄夫宝　王百舜　马　可　杨进伟　王高龙

　　　　轩华兵　赵正威　贾玉涛

曾经，课堂上的琅琅书声是我们听到的最美音符；曾经，鸦雀无声的自习课是我们见过的最好风景；曾经，我们以为课程资源就是教材知识，课程实施就是读、背、练、考……

党的二十大报告明确提出："全面贯彻党的教育方针，落实立德树人根本任务，培养德智体美劳全面发展的社会主义建设者和接班人。"学校教育已从培育优异的"记忆者"向培育个性化的"思考者"与"探究者"转变，从"知识本位"转向"素养本位"。

时代在呼唤教育变革，地理课重说"理"难落"地"、育人和育分相偏离的现状亟待改变。如何实现知识技能培养和素养培育融合？如何实现育人和育分并举？需要进行真情境、大任务、综合性、实践性的学习活动，而区域资源为这种学习活动提供了理想的场景。2009年以来，郑州市中学地理学科团队围绕"融入区域资源，变革育人方式"进行了一系列探索，形成了融入区域资源的高中地理系列教学课例。

本书按照高中地理核心概念体系，分为"峻秀山岳""滔滔大河""中原明珠"三个系列。按照区域资源与国家课程的融合方式，本书中的课例又分为贯穿式、嵌入式和场景式三种类型。贯穿式融合课例，即将区域资源作为一个完整案例，贯穿课堂始终。此类型课例以一个区域资源为依托设置情境，以利于内容标准和核心概念的教与学。嵌入式融合课例，即将区域资源作为部分案例或学习材料，供学生自主探究与合作学习。此类型课例以多个区域资源为依托设置情境，以利于内容标准和核心概念的教与学。场景式融合课例，即以某一处区域资源为情境，整合多条内容标准或核心概念进行融合开发，形成大概念单元教学。

"贯穿式"和"嵌入式"融合，使地理课堂教学成为地理问题解决的探究情境；"场景式"融合的地理实践，让生活场景成为创新素养发展的鲜活现场。这将有利于激发学生的学习兴趣，引导学生融贯知识世界和生活世界，使地理学科育人春风化雨，润物无声。

赵丽霞

目 录

峻秀山岳

1 表里山河
——嵩山地区河流地貌

推介语

迢迢河山，清流飞瀑，嶙峋怪石上激起碎玉点点。

山川巍巍，长河流转，挟裹飞流之势，冲开莽莽平原。

清溪照影，松杉苍翠，两壁山崖重重，谷中郁郁苍苍。

是大自然的鬼斧，刻画嵩山的巍峨风姿。

是流水默默地雕琢，赋予青山丰富绮丽的变化。

古语有云："水利万物而不争。"

今天，让我们跟随流水蜿蜒的身影，走近龙吟飞泉，走近辽阔平原，走近幽深河谷，走近流水塑造的神奇世界！

学习目标

● 分析瀑布的形成条件，预测其未来发展。

● 描述洪积扇的地貌形态，绘制洪积扇结构示意图，野外判读洪积扇。

● 分析河流阶地的形成过程，绘制河流阶地示意图，野外判读河流阶地。

区域资源—课程标准¹双向对照表

课程标准中的 "内容要求"	核心概念	区域资源	资源类型		
			图文资料	影音资料	实践基地
必修 1.4 通过野外观察或运用视频、图像，识别 3~4 种地貌，描述其景观的主要特点。	河流地貌	石淙河阶地	√		√
		嵩阳洪积扇	√		√
		卢崖瀑布	√		√

---

1 此处的课程标准指的是中华人民共和国教育部制定的《普通高中地理课程标准（2017 年版 2020 年修订）》，后文同。

教学设计流程

课程知识结构

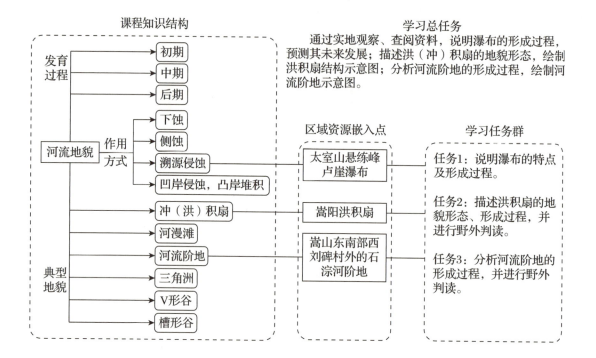

学习总任务

　　通过实地观察、查阅资料，说明瀑布的形成过程，预测其未来发展；描述洪（冲）积扇的地貌形态，绘制洪积扇结构示意图；分析河流阶地的形成过程，绘制河流阶地示意图。

区域资源嵌入点

学习任务群

区域资源嵌入点	学习任务群
太室山悬练峰卢崖瀑布	任务1：说明瀑布的特点及形成过程。
嵩阳洪积扇	任务2：描述洪积扇的地貌形态、形成过程，并进行野外判读。
嵩山东南部西刘碑村外的石淙河阶地	任务3：分析河流阶地的形成过程，并进行野外判读。

教学实施

任务 1

说明瀑布的特点及形成过程。

【资源】

登封市区东北6千米处太室山悬练峰卢崖瀑布。

卢崖瀑布

【活动】

1. 观赏卢崖瀑布的最佳季节是什么季节？怎样观赏才能达到最佳效果？

2. 描述卢崖瀑布的形成过程。

瀑布示意图

3. 推测卢崖瀑布未来的发展趋势。

阅读

卢崖瀑布墨浪流

　　登封市区东北 6 千米处的太室山悬练峰下，有一高大石崖。唐玄宗年间，被封为谏议大夫的卢鸿乙不愿做官，来此隐居，广招天下才子，在此讲学，因而此崖被称为"卢崖"。卢崖北峡谷内，有一股泉水，终年不断，平时水泻崖下，好似千水珠帘挂长空；澎湃之声，如虎豹怒吼，如雷声轰鸣；太阳光照射在上面，奇光异彩，灿烂夺目，瞬息万变，气象万千。水珠积流，形成水潭，潭上独出一个黛色圆石，明代袁宏道在上面刻有"墨浪石"三个大字。水流其上，好似墨浪，人称此景为"卢崖瀑布墨浪流"，亦称"珍珠倒卷帘"。

· 任务 2 ·

　　描述洪积扇的地貌形态、形成过程，并进行野外判读。

【资源】

　　嵩阳洪积扇。

洪积扇剖面

【活动】

1. 查阅等高线地形图，结合实地观察，概括上图中的沉积物特征及所在区域地形特征。

时间：		地点：　　　　　　　　　记录人：
地形特征		
沉积物	粒径特征	
	磨圆度特征	

2. 观察沉积物剖面，思考：不同粒径的沉积物在垂直方向上有何分布规律？为何会形成这样的分布规律？

3. 结合以下材料，画出洪积扇外部形态和沉积结构示意图。

洪积扇是河流出山口处的扇形堆积体。当河流流出谷口时，摆脱了侧向约束，其所挟带的物质便铺散沉积下来。洪积扇在平面上呈扇形，扇顶伸向谷口；立体角度上大致呈半埋藏的锥形，以谷口为顶点，向开阔低地展布成扇状地貌。

● 任务 3 ●

分析河流阶地的形成过程，并进行野外判读。

【地点】

登封嵩山东南部西刘碑村外的石淙河阶地。

石淙河

【活动】

1. 观察"石淙会饮"景区附近南北两侧谷坡坡度的差异，并结合阅读材料绘制该处河谷示意图。

> **阅读**
>
> 　　石淙河发源于嵩山东麓九龙潭，流经卢店朝阳沟水库、尧坡山西麓，受断层影响，折向南流入颍河，总体流向是北西至南东。该处河谷相对开阔，南北两岸坡度不对称，南岸出露岩性是白云岩，抗风化能力较强，故谷坡相对陡峭，无阶地发育；北岸出露岩性主要是砂岩、粉砂岩及页岩，抗风化能力较弱，故谷坡相对开阔平缓，发育有3级阶地：一级阶地为基座阶地，二级阶地为堆积阶地，三级阶地为侵蚀阶地。

　　2. 根据绘制的示意图，分析河流阶地的形成过程。

学习评价

　　分别为卢崖瀑布、嵩阳洪积扇、石淙河阶地三个景点撰写解说词。

　　要求：讲清楚每种地貌的形成过程，注重内容的科学性和语言的生动性，字数在1500字以内。

本节教学实施评价要点

任务1

【活动】

　　1.（1）夏季和秋季观赏最佳，因为降水丰富，瀑布水量大。（2）①远观：欣赏"飞流直下三千尺"的整体效果；②在适当距离仰视：兼收其形、色、声、动之美；③置身其中：体验"水帘洞"般的奇妙观感。

　　2. 卢崖瀑布的形成受到内力作用和外力作用影响。内力作用：地壳断裂抬升，形成陡崖；外力作用：流水经过此处，冲刷侵蚀，形成瀑布。

　　3. 瀑布的常年冲蚀，使得崖壁下层不断被掏空，并产生坍塌，致使卢崖瀑布逐步向上游方向后退。

任务2

【活动】

　　1.

地形特征		北高南低，山谷地形
沉积物	粒径特征	粒径混杂，分选差
	磨圆度特征	部分砾石磨圆较好，呈亚圆形，大部分呈次棱角状

2.（1）分布规律：下层沉积物颗粒粒径较大，上层粒径较小。（2）成因：这是由于该处不同时期流水作用强度不同而造成的。下层沉积的时段水量大，流速快，搬运能力强，沉积了大量大粒径砾石；但后期流速减慢，上层就覆盖了一层细颗粒物。

3. 示意图略。

任务 3

【活动】

1. 示意图示例：

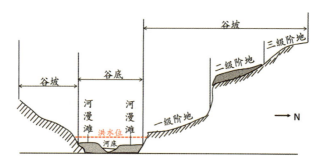

2. 地壳垂直抬升，河流下切侵蚀，使原来的河谷底部河漫滩超出一般洪水位之上；河谷地区地壳多次间歇性抬升，则会形成阶梯状分布的多级阶地。

学习评价要点

略。

2 厚重黄土
——郑州黄河文化公园黄土地貌区

推介语

黄河奔腾,昭示中华民族一往无前的力量;

黄土沧桑,承载中华儿女生生不息的梦想。

黄河因黄土而成色,黄土因黄河而塑形,二者动静相成,庇护着此间万物的繁衍,见证了此间文明的兴盛。

在第四纪漫漫西风中,无边黄尘萧萧下,不尽莽沙滚滚来,黄土就是这样层层沉积堆叠而成。

对普通人来说,黄土剖面就像一幅色彩斑斓的画卷,人们在面对黄土时不禁会感慨自然造物的神奇;对科学家来说,黄土剖面具有更重大的意义——它有着丰富的地学信息,记录了千万年以来气候的干湿、冷暖演变过程,是我们认识地球上自然历史、生物变迁的最佳"文献",是解读古气候变化的"无字天书"。

让我们走进黄河文化公园,来一场与黄土的对话,去探寻它那厚重的历史。

学习目标

● 说出黄土地貌的主要类型,描述其地貌特征。

● 说出黄土的特性,并说明其对人类生产生活的影响。

● 简述黄土治理的主要措施。

课程小贴士

🏛 **实践地点**

郑州黄河文化公园黄土地貌区

🧭 **推荐实践季节**

室外观测活动为主,夏、秋季节最佳

⏱ **课程建议时长**

1 天

📖 实践装备

徒步鞋、运动长裤、遮阳帽、写字板、记录本、手机及指导教师要求的其他必带装备。

🛡 安全事项

以小组为单位统一行动，禁止下河，一切行动听从指导教师和景区工作人员指挥；不私自做决定，有问题及时报告指导教师。

区域资源—课程标准双向对照表

课程标准中的"内容要求"	核心概念	区域资源	资源类型		
			图文资料	影音资料	实践基地
必修 1.4 通过野外观察或运用视频、图像，识别 3~4 种地貌，描述其景观的主要特点。	地貌 内力 外力 地表形态 人类活动 生态脆弱区 环境与发展 综合治理	黄土剖面	√		√
选择性必修 1.3 结合实例，解释内力和外力对地表形态变化的影响，并说明人类活动与地表形态的关系。		塬、墚、峁	√	√	√
选择性必修 2.6 以某生态脆弱区为例，说明该类地区存在的环境与发展问题，以及综合治理措施。		沟谷	√		√

教学设计流程

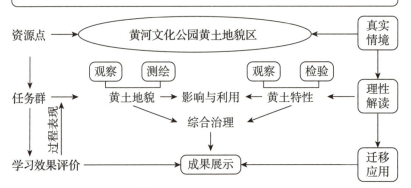

学习总任务

通过查阅黄土相关资料、实地观察黄河文化公园黄土地貌，描述典型的黄土地貌特征，结合实验验证黄土特性，举例说明黄土对人类活动的影响，为黄土的综合治理提出可行性措施。

教学实施

• **任务 1** •

黄土地貌的观察与描绘。

【地点】

极目阁下方。

> **阅读**
>
> ### 黄土的分布
>
> 从全球来看,黄土主要分布在中纬度干旱或半干旱的大陆性气候地区(即温带森林草原、草原及荒漠草原地区)。黄土分布相当广泛,特别在欧亚大陆上,几乎从大西洋东岸到太平洋西岸都有断续分布。我国黄土主要分布在干旱区和半干旱区,位于北纬34°和北纬45°之间,呈东西向带状分布。我国黄土分布总面积约63.5万平方千米。其中,陕西北部、甘肃中部和东部、宁夏南部和山西西部是我国黄土分布最集中的地区,不仅面积广,而且厚度大(最厚可达200余米)。由于这个地区的地势较高,故称为黄土高原。

【情境】

塬、梁、峁是黄土高原上主要的地貌景观。黄土塬为顶面平坦宽阔的黄土高地,周围常被沟谷深切。黄土梁是条状延伸的岭冈,是黄土塬被侵蚀分割后的残余地形。黄土峁是顶部浑圆,斜坡较陡的黄土丘。梁、峁经常与沟谷并存。大家只要仔细观察,就能在邙山欣赏到塬、梁、峁等各种黄土地貌景观。

【活动】

1. 观察三种黄土地貌:黄土塬、黄土梁、黄土峁,并说出它们各自的特征。
2. 绘制黄土塬、黄土梁、黄土峁示意简图。

• **任务 2** •

黄土特性的观察与验证。

【地点】

古土壤层序展示区。

【情境】

保存在地层中的地质历史时期的土壤,称为古土壤。黄土层中的古土壤系因古气候暖湿,黄土沉积暂时间断,先期堆积的黄土进行成壤化形成古土壤。该古土壤主要有棕壤和褐土两种,前者为暖温带森林土壤,后者为半干旱草原土壤。古土壤是研究古气候、古地理环境变化的重要依据。一般发育较好且保存完整的古土壤剖面,可划分出腐殖质层、黏化层、淀积层和母质层。

【活动】

1. 观察记录展示区的黄土颗粒大小、颜色、厚度、疏松程度。

2. 采集周边的黄土标本，触摸感受黄土颗粒大小、疏松程度，观察土壤颜色，比照古土壤层序，结合现在的环境特征，推测之前的沉积环境。

3. 将黄土放入水中，观察其可溶性盐胶结的团聚体被破坏的过程，说明园区黄土容易塌陷的机理。

4. 设计实验，验证在坡度、降水强度、植被覆盖率等要素变化的情况下，黄土地貌区的流水侵蚀强度的变化。

阅读

黄土的特性

黄土是一种灰黄色或棕黄色的土状堆积物。它们具有以下特性：①质地均一。②富含碳酸钙。在干燥状态下，钙质可以使土粒固结，但碳酸钙遇水会发生溶解，从而使土粒分离。因此，黄土层易受流水侵蚀。③结构疏松。多孔性是黄土区别于其他土状堆积物的主要特征之一。④黄土无沉积层理，但垂直节理发育，直立性很强。厚层黄土常因此形成陡峻的崖壁、土柱，并可维持百年而不崩塌。

· 任务 3 ·

黄土特性对建筑及植物生长的影响。

【地点】

邙山窑洞、黄土剖面碑。

【情境】

窑洞是黄土高原上的一种民居形式。黄土高原地区的黄土层非常厚，有的厚达几十米，中国人民创造性地利用有利地形，凿洞而居，创造了被称为绿色建筑的窑洞。窑洞在建筑学上属于生土建筑，其特点就是人与自然和谐相处、共生，简单易修、省材省料，坚固耐用，冬暖夏凉。

【活动】

1. 观察窑洞的位置、形状，并绘制窑洞素描图。

2. 讨论窑洞的建设反映出的黄土特征，并分析"7·20暴雨"后窑洞坍塌的原因。

3. 观察剖面碑中植被根系的发育情况，说明黄土的特征对植被生长的重要作用。

4. 遥望华北平原农田，说明黄土对于华北平原的重要意义。

任务 4

黄土地貌区的治理与利用。

【地点】

黄河文化公园。

黄土治理措施

【活动】

1. 观察并记录园区为治理黄土所采取的措施。
2. 对比不同治理措施应对暴雨的效果差异。
3. 为园区提出黄土利用与治理的可行性方案。

阅读

黄土高原的治理

为了彻底摆脱黄土高原地区水土流失的困境，中华人民共和国成立70多年来，黄土高原地区一直是我国水土保持工作的重点对象。国家持续开展了大规模的水土流失防治工作，坚持人与自然和谐相处的理念，充分依靠大自然的自我修复功能，以小流域为单元，山、水、林、田、路统一规划，工程措施、生物措施科学配置，经济效益、生态效益、社会效益统筹兼顾，黄土高原生态治理取得了显著效益。黄土高原水土流失治理过程主要分为两个阶段：

第一阶段主要通过淤地坝建设、小流域综合治理等人工措施来达到增产拦泥的目的。特别是20世纪80年代，初步推广"户包治理小流域"，开创了"山顶植树造林戴帽子，山坡退耕种草披褂子，山腰兴修梯田系带子，沟底筑坝淤地穿靴子"等治理模式。

> 　　第二阶段则更加注重生态建设和保护。黄河流域率先实施退耕还林（草）、封山绿化政策，在条件适宜地区因地制宜进行封育和保护，发挥植被的自我修复能力。
>
> 　　经过 70 多年的生态治理，黄土高原正在迎来绿色新生，走进人们视野的不仅是以往的漫漫黄尘，还有丰富多样的地貌以及历史悠久的古村落。

学习评价

　　1. 黄土地貌

（1）拍摄有关黄土地貌的照片，并在照片上备注黄土地貌类型。

（2）以素描形式绘制不同的黄土地貌。

（3）绘制不同黄土地貌区等高线地形图。

（4）制作黄土地貌模型。

（5）以"黄土地貌特征之我见"为题撰写研学报告，突出黄土地貌的典型特征。

　　2. 黄土特性

（1）采集周边的黄土标本，触摸感受黄土颗粒大小、疏松程度，观察土壤颜色。

（2）比照古土壤层序，结合现在的环境特征，推测曾经的沉积环境。

（3）设计模拟实验，撰写实验报告。

　　3. 黄土利用

（1）观察黄土剖面碑中植物根系的生长发育情况，说出土壤和植被生长之间的关系。

（2）以"黄土对农业生产的影响"为主题撰写研学报告。

　　4. 黄土治理

（1）收集和拍摄园区内有关黄土治理措施的照片。

（2）为园区黄土治理提出可行性建议。

（3）制作关于黄土地区可持续发展的宣传海报或者黑板报。

本节教学实施评价要点

·················● 任务 1 ●·················

【活动】

　　1. 黄土塬又称黄土平台、黄土桌状高地，是顶面平坦宽阔、周边为沟谷切割的黄土堆积高地。黄土墚为条状延伸的岭冈，有的由黄土塬经流水等侵蚀分割而成；有的在黄土堆积前就是条状延伸的岭冈，黄土堆积后，仍保持其原有形态。黄土峁指单个的黄土丘陵，峁的横剖面呈椭圆形或圆形，顶部有的为平顶，略呈穹起，四周多为凸形坡，坡长较短,坡度变化比较明显。

2. 略。

・ **任务 2** ・

【活动】

1. 略(以实际观察为准)。

2. 略(以实际采集到的标本为准)。

3. 可看到遇水后的黄土块逐渐松散、瓦解,由此可知,被雨水浸透的黄土坡在很大程度上有塌陷的可能。

4. 黄土地貌区的流水侵蚀强度与坡度呈正相关,与降水强度呈正相关,与植被覆盖率呈负相关。

・ **任务 3** ・

【活动】

1. 窑洞多在背靠山体的位置,多呈拱形。窑洞素描图略。

2. 窑洞是利用黄土的直立性特征建设的。"7·20暴雨"降雨量大、历时长,大量雨水渗入黄土层,导致黄土湿陷,窑洞坍塌。

3. 剖面碑植被根系发达,扎得很深,这与黄土的疏松程度、透气性、透水性有关,这表明,黄土本身带有潜在的优良成土结构。

4. 华北平原大部乃黄河冲积而成,黄河挟带大量来自中上游的黄土等物质,在下游堆积,形成了华北平原疏松而肥沃的土壤。

・ **任务 4** ・

【活动】

1. 所采取的措施有植被护坡、工程护坡、挡水墙等。

2. 植被护坡处损坏比较严重,工程护坡处相对完好。

3. 略(论据正确、科学即可)。

学习评价要点

略。

3 泥土芬芳
——土壤的形成和养护

推介语

　　大河之南，天地之中，沃野千里，夐（xiòng）若万顷。万物生源，埋藏于土；百般生灵，起始于壤。大河滋养的这一方土地，凝聚中原的血脉，汇集华夏的魂魄。几千年的文明便同万物发源于此，扎根生长，延续不息。

　　民以食为天，食以农为先，农以土为本。土，地之吐生物者也。土壤是一个国家最重要的自然资源之一，是农业发展的物质基础。没有土壤，就没有农业，也就没有人们制作食物的原料。你可知道，田野里松软芬芳的泥土来自坚硬巨大的岩石？接下来，让我们追随古老的生命，共同探究、感悟河南土壤的深沉与奥妙。

学习目标

● 通过挖掘土壤剖面，现场观察土壤的各种形态特征，描述土壤特性。

● 对比嵩山地区不同点位土壤剖面，说明成土因素对土壤形成的影响。

● 探究土壤污染的形成机理、土壤退化现象和合理养护土壤的措施。

课程小贴士

⊛ 实践地点

　　河南登封嵩山山顶峻极峰附近、山腰老母洞附近、山麓嵩阳书院附近的相对平坦坡耕地、颍河谷地附近等

⊛ 推荐实践季节

　　室外观测活动为主，夏、秋季节最佳

⊛ 课程建议时长

　　1天

📖 **实践装备**

徒步鞋、运动长裤、遮阳帽、写字板、记录本、手机及指导教师要求的其他必带装备。

⚙️ **安全事项**

以小组为单位统一行动，禁止下河，一切行动听从指导教师和景区工作人员指挥；主要实践地点位于山区和平原，需听从当地向导和指导教师的安排，走访调查时要文明有礼，挖掘土壤剖面过程中要注意安全。

区域资源—课程标准双向对照表

课程标准中的"内容要求"	核心概念	区域资源	资源类型		
			图文资料	影音资料	实践基地
必修1.9 通过野外观察或运用土壤标本，说明土壤的主要形成因素。	土壤	土壤相关资料	√		
		土壤剖面图			√
		土壤相关分布图	√		
选修4.10 解释土壤污染的形成机理，说明常见的土壤污染类型。	土壤污染	土壤污染区	√		√
		土壤污染机理资料	√	√	
		土壤污染资料	√	√	√
选修4.11 学会土壤采集方法和方案设计，了解土壤污染的检测方法，以及常见污染土壤的修复方法和技术。	土壤修复	土壤剖面和标本	√		√
		土壤修复和保护资料	√	√	√

教学设计流程

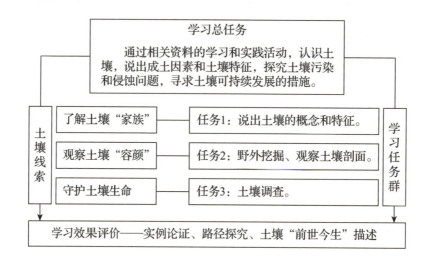

教学实施

──────────── · **任务 1** · ────────────

了解土壤"家族"——通过相关资料查询和标本观察，说出土壤的概念和特征。

【地点】

学校图书馆、电子阅览室。

【情境】

你可知道，田野里松软芬芳的泥土来自坚硬巨大的岩石？正是大自然的鬼斧神工，数亿年间，坚硬的岩石悄然变成了肥沃的土壤。土壤是在气候、生物、成土母质、地形、时间以及人类活动等的综合作用下形成的历史自然体，对自然地理系统的形成和演化具有重要作用，也是人类赖以生存的物质基础。

> **阅读**
>
> ### 北京中山公园的"五色土"
>
> 古代帝王祭祀土神、谷神的场所叫作社稷坛。北京中山公园内保留着明代所建的社稷坛。社稷坛的上层铺垫着五种颜色的土：东方为青色，南方为红色，西方为白色，北方为黑色，中央为黄色。这与我国的土壤分布概况大体相符：东方多水稻土，呈青色；南方多红壤、紫色土，呈红色；西北多干旱土、盐碱土，呈白色；东北平原地区土壤呈黑色；中部黄土高原地区土壤呈黄色。

北京中山公园的"五色土"

　　实际上,东青、南红、西白、北黑、中黄的空间分布格局大体反映了我国土壤的空间分布概况。东部临海,又是很多江河的入海口,因此土壤长期处于淹水状态,其中的氧化铁(Fe_2O_3)被还原成氧化亚铁(FeO)而呈灰绿色,是为青土。南方闷热潮湿而多雨,大量易溶于水的土壤矿物质受雨水冲刷而流失,最终剩下氧化铁和氧化铝(Al_2O_3),因而土壤呈红色。西部气候干旱,土壤以盐土和碱土为主,这类土壤中富含碳酸钙、石膏等白色物质,加上可溶性盐在土壤表层聚集,所以呈白色。东北地区气候湿润而寒冷,黑色腐殖质在土壤表层大量积累而降解缓慢,长年累月,黑色不断加深,是为黑土。黄土则主要分布于我国的黄土高原,黄土的有机质含量不高但其颗粒细腻,适宜耕作。"五色土"成了我国丰富的土壤资源类型的一个缩影。

【活动】

1. 说出土壤的概念、基本特征、形成因素及其组成成分。

2. 通过观察土壤标本,说出野外土壤考察时应关注的方面。

3. 阅读《北京中山公园的"五色土"》,说出不同类型的土壤颜色为何有差异。

⋯⋯⋯⋯⋯⋯⋯⋯• **任务 2** •⋯⋯⋯⋯⋯⋯⋯⋯

　　观察土壤"容颜"——野外实习,通过野外观察或运用土壤标本,说明土壤的主要形成因素和土壤特点。

【地点】

　　嵩山山顶、嵩山老母洞、嵩阳书院附近的相对平坦坡耕地、少林水库附近、颍河谷地附近等。

【活动】

1. 土壤剖面挖掘（分组活动）

剖面挖掘建议：山地土壤土层比较薄（一般只有 10～30cm），剖面下部直接与母岩相接触，所以挖掘土壤剖面比较容易。山坡的上方作为观察面，取出的土壤堆在山坡的下方，向下一直挖到下部的母岩为止。

平坦地区或河谷地区的土壤土层深厚，挖掘剖面比较困难。一般要求挖出一个长 1.5 米、宽 0.8 米、深 1～1.5 米的土坑。土坑的一面作为土壤剖面的观察面，观察面的对面挖成阶梯状，便于观察者上下。如果地下水位较高，挖至地下水出露时即可。挖掘剖面时必须使剖面上下垂直并向阳，所以要根据挖掘剖面所用时间及太阳位置，提前设置剖面线走向，确保剖面挖掘完毕后的观察面正好向阳，以利于观察土壤形态特征。挖出的表土、心土和底土分别放在剖面坑的左右两边，观察面上方不要堆放挖出的土壤，也不要踩踏，以免破坏土壤自然状态。对于垄作农田来说，观察面应垂直于垄作方向，以便能同时看到垄沟与垄背的表土变化和作物根系发育情况。在土壤剖面观察描述完成后，依次将底土、心土和表土填入剖面坑中，并分层用脚踏实。

2. 观察土壤剖面

（1）观察土壤剖面的颜色自上而下是否有变化，并解释变化的原因。

（2）标记不同颜色的土层，并测量土壤厚度。

（3）将干纸分别贴在土壤剖面的表层和底层，稍过一会儿，观察纸巾的潮湿状况，判断土壤块表层和底层的湿度差异。

（4）观察土壤剖面从上到下的颗粒物大小。

（5）观察土壤剖面表层和底层疏松状况的差异。

（6）观察土壤剖面根系状况。

3. 对剖面土壤进一步处理，从表层到底层挖掘出 3～4 个边长为 20 厘米的立方块，将土壤块侧面平放，并轻轻捣碎。尽可能保持捣碎的土壤按表层至底层排列。

（1）分别在土壤块的表层和底层取一小团大小相当的土壤，用手掂掂重量，是否有差异？

（2）分别用手指研磨土壤块的表层和底层土壤，感受土壤的湿度和土壤矿物质的颗粒大小。

（3）在土壤中有没有发现小动物？

4. 将捣碎的土壤晾干或晒干，再称重量，比较与刚挖出时的土壤块重量的差异。

5. 分别从土壤块的表层和底层取部分土壤，加适量水搅拌，试着用手搓成土条，看看哪个部位的土壤更容易搓成土条。

6. 整理以上活动的结果，描述土壤特点，和同学们一起交流，并填写土壤剖面记录表。

土壤剖面记录表

经度：			纬度：		海拔：	米	天气：	
剖面地点：		登封市		乡（镇）			村	
土壤名称：								
面貌类型：			地形部位：				坡度坡向：	
潜水埋深：		米	土地平整程度：					
障碍层类型：		出现的深度为_____厘米，厚度为_____厘米						
翻耕深度：			厘米	耕作方式：浅耕□ 深耕□ 免耕□				

	发生层次	土层厚度	颜色	质地	结构颗粒	坚实度	干湿度	根系	动物	pH
剖面形态描述记录										

调查日期：	调查人：

· · · · · · · · · · **任务 3** · · · · · · · · · ·

守护土壤生命——实地走访调查农业生产活动，分析土壤的功能、土壤污染问题和养护措施。

【地点】

嵩阳书院附近的相对平坦坡耕地、少林水库、颍河谷地附近村庄。

【情境】

我们脚下的土壤厚重沉静，看似朴实简单，其实暗藏玄机，因为土壤是一个运动的、平衡的、总是处于半稳定状态的复杂物质体系。当土壤中的有害物质过多，超过土壤的自净能力时，土壤的组成、结构和功能就会发生变化，微生物活动受到抑制，有害物质或其分解产物在土壤中逐渐积累，并且通过"土壤→植物→人体"或"土壤→水→人体"等途径间接被人体吸收。土壤污染会导致地表水和地下水污染、大气环境质量下降，进而导致农作物减产和品质下降，最终危害人体健康。

阅读

土壤相关概念小贴士

• 当外来物质进入土壤时，土壤就会通过各种作用努力保持自身性质的稳定，我们将之称为土壤自净作用。

• 土壤质地是根据土壤的颗粒组成划分的土壤类型（砂土、壤土和黏土），主要继承了成土母质的类型和特点，又受到耕作、施肥、排灌、平整土地等人为因素的影响，是土壤的一种十分稳定的自然属性，对土壤肥力有很大影响。

• 土壤肥力是指土壤在植物生长发育全部过程中不断地供给植物以最大量的有效养分和水分的能力，同时自动地协调植物生长发育过程中最适宜的土壤空气和土壤温度的能力。肥沃土壤的标志是：具有丰富的养分，良好的透水性和保水性，通畅的土壤通气条件和吸热、保温能力。

• 人类活动产生的污染物进入土壤并积累到一定程度，引起土壤质量恶化，并造成危害的现象，称为土壤污染。

• 土壤侵蚀是指土壤或成土母质在水力、风力、冻融、重力、温度变化、人为因素等外力作用下，土壤物理结构或化学成分发生变化，包括破坏、剥蚀、搬运和沉积等过程。全球除永冻地区外，均发生过或正在发生不同程度的土壤侵蚀。

• 土地退化指因自然环境不利因素和人为利用不当引起的土壤肥力下降、植物生长条件恶化和土壤生产力减退的过程，在农耕地上通常表现为农作物产量或品质的降低。

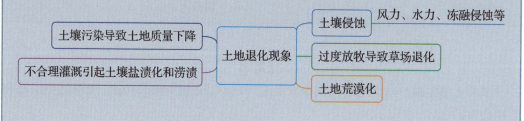

阅读

土壤，不只是地球的"皮肤"

在很多人看来，土壤司空见惯，并无特别之处。然而，就像空气、水和阳光一样，土壤在维系人类生存方面发挥着至关重要的作用。

土壤学家常常将土壤比作"地球的皮肤"。皮肤是人体最大的器官，更是抵御外来伤害的首要屏障。作为覆盖在地球表面的一层松散物质，土壤也像皮肤一样维持着陆地生命的存续。我国早在唐代就把土壤称为"地皮"，这一贴切的比喻，形象地概括了土壤的主要功能与特点。

　　除了能生长农作物、提供食物，土壤还有许多"特异功能"。它可以调蓄洪水，"兵来将挡，水来土掩"，化解危机；可以将产生温室气体的碳封存于体内，成为陆地生态系统中最大的"碳富豪"；可以为土壤动物、微生物甚至人类提供栖身之所；还可以保存珍贵的文化遗产。另外，有些土壤还是珍贵的旅游资源，如云南土林、甘肃彩丘等，"吸睛"无数。我们脚下这一片片寂静无声的土壤，提供了我们延续千年的生存所需，造就了几千年的农耕传奇，也深刻塑造了我们的精神世界。人类与这块大地形成了命运共同体，被牢牢地绑定在一起！倘若离开土壤，人类文明将失去生机，难以为继。

【活动】

　　1. 开展针对土壤的调查，完成土壤"身份"调查表（调查过程中，对土壤污染现象进行拍照取证）。

土壤"身份"调查表

基本情况地点		调查者	年龄	性别
本区域自然植被				
耕作制度				
耕地种植作物	以前			
	现在			
农业利用方式	农田□　荒地□　林地□			
灌溉方式				
抗旱能力				
排水条件				
土层厚度				
土壤肥沃程度				
土质类型				
土壤施肥情况				
土地退化情况				
土壤污染情况				
土壤侵蚀状况				

（续表）

土壤是否改良	
改良方式和情况	

2. 结合土壤调查，描述土壤的功能。

3. 通过调查研究，分析土壤在农业和工业生产过程中存在的主要问题。

4. 结合调查问题，探究土壤污染防治的主要措施。

学习评价

1. 结合中国土壤水平地带分布模式图和前文所给材料《北京中山公园的"五色土"》，分析我国不同颜色土壤形成的主要原因。

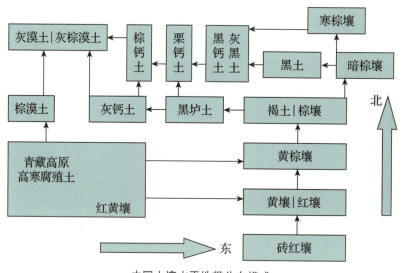

中国土壤水平地带分布模式

2. 从土壤的形成过程及人类开发利用等方面，描述土壤的"前世今生"。

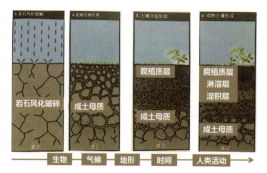

（资料来源：王建，仇奔波.普通高中教科书地理必修第一册［M］.济南：山东教育出版社，2019:79.）

3. 根据调查数据，构建土壤污染治理、土地退化治理和土壤保育的措施体系，并撰写保护土壤的倡议书。

本节教学实施评价要点

● 任务 1 ●

【活动】

1. 土壤是指陆地表面具有一定肥力、能够生长植物的疏松表层。土壤有一定的分层结构，发育成熟的土壤，从地面向下有明显的垂直差异，一般可分为腐殖质层、淋溶层、淀积层和成土母质层。土壤是环境各个要素综合作用的产物，其形成因素主要包括成土母质、气候、生物、地形、时间等。除了自然要素之外，人类活动对土壤的形成也非常重要。自然土壤在人类长期的耕作和培育下，演化成有利于农业发展的耕作土壤。

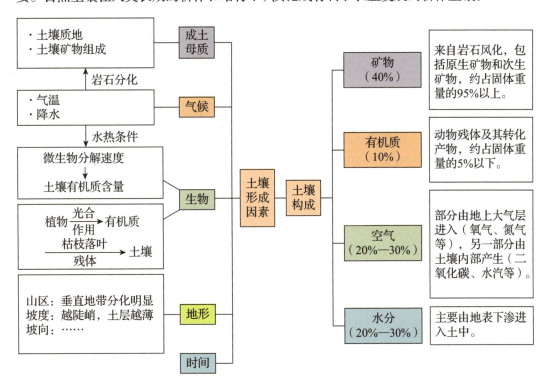

2. 野外土壤考察时，一般从土壤颜色、土壤质地、土壤剖面构造等方面进行。

（1）土壤颜色。土壤颜色是土壤最重要的外部特征之一，是野外观察中最容易感知的。有些土壤就是以其颜色来命名的，如黑土、红壤等。

（2）土壤质地。土壤矿物质颗粒按照粒径大小可分为石砾、砂粒、粉粒、黏粒等。不同粒级的矿物质在土壤中所占的相对比例，称为土壤质地。从土壤质地看，土壤一般分为砂土、壤土和黏土，在野外可以根据手指研磨土壤的感觉近似地作出判断。

（3）土壤剖面构造。土壤剖面是指从地面垂直向下的土壤纵剖面，由一些形态特征各异的、大致呈水平展布的土层构成。这些土层是土壤形成过程中物质转化、迁移和积累的结果。在自然土壤中，森林土壤剖面构造最为复杂。自然土壤经过人为耕作成为耕作土壤，耕作土壤剖面一般分为耕作层、犁底层和自然土层。

3. 略。

任务 2

【活动】

略

任务 3

【活动】

1. 略。

2. 土壤为植物生长提供了扎根立足的条件；土壤维护了生物的多样性；土壤具有重要的蓄水、保水功能；土壤是人类可以利用的宝贵的自然资源。

3. ①污水灌溉：污水和废水中挟带的大量污染物进入土壤；②固体废弃物：固体废弃物中的污染物直接进入土壤或其渗出液进入土壤；③农药和化肥：农药、化肥的不合理、超量使用，造成土壤质量下降等；④大气沉降物：废气中含有的污染物质，特别是颗粒物，在重力作用下沉降到地面进入土壤；⑤矿冶活动：矿山开采与矿产冶炼几乎无一例外地给周围环境和土壤带来不同程度的影响。

4. 土壤污染防治的主要措施有：科学灌溉，合理施用农药，合理施用化肥，施用化学改良剂，等等。

学习评价要点

1. 略。

2. 略（运用地理专业术语描述）。

3. 略（体系构建逻辑清晰，倡议书主题明确、论证充分、逻辑性强、用语专业）。

4 山水相依 自在家园
——太子沟地区河流、地形与聚落

石净水清，芳草萋萋，犹如一幅丹青画廊让人目不暇接，令人心旷神怡，这里就是嵩山深处的太子沟。

太子沟位于登封嵩山太室山一侧，沟中奇石林立，如虎如狮，成群结队。相传2600年前东周灵王太子晋因看不惯昏庸腐败的朝廷，来到嵩山拜仙道李浮丘为师，闲时在峰上品箫，天虎天狮结队来听。太子下山，狮虎排成仪仗夹道相送。太子晋在此静心修炼，一住就是30年，后得道成仙，驾鹤西去。后人为了纪念他，把此沟命名为太子沟。

沟口现已重修太子庙一座，这也更加增添了太子沟的神秘感。太子沟并不长，两侧是悬崖峭壁，裸露的地层和河谷中大小不一的巨石似乎在讲述着这里的沧海桑田。

学习目标

● 调查太子沟河流地貌的类型与分布，并分析其成因。
● 调查太子沟的村落分布状况，并分析其成因。
● 探讨太子沟上的大坝对当地聚落的影响。

课程小贴士

🔯 **实践地点**

　登封太子沟

🔯 **推荐实践季节**

　室外观测活动为主，夏、秋季节最佳

🔯 **课程建议时长**

　1天

🔯 **实践装备**

　徒步鞋、运动长裤、遮阳帽、写字板、记录本、手机及指导教师要求的其他必带装备。

🔔 安全事项

以小组为单位统一行动，禁止下河，一切行动听从指导教师和景区工作人员指挥；不私自做决定，有问题及时报告指导教师。

区域资源—课程标准双向对照表

课程标准中的"内容要求"	核心概念	区域资源	资源类型		
			图文资料	影音资料	实践基地
必修 1.4 通过野外观察或运用视频、图像，识别 3～4 种地貌，描述其景观的主要特点。	内、外力作用 河流地貌的发育 影响聚落分布的主要因素 环境人口容量	太子沟历史文化资料	√	√	
		太子沟地貌特征	√		√
必修 2.1 运用资料，描述人口分布、迁移的特点及其影响因素，并结合实例，解释区域资源环境承载力、人口合理容量。		太子沟聚落分布	√		√
选择性必修 1.3 结合实例，解释内力和外力对地表形态变化的影响，并说明人类活动与地表形态的关系。		太子沟上的大坝	√		√

教学设计流程

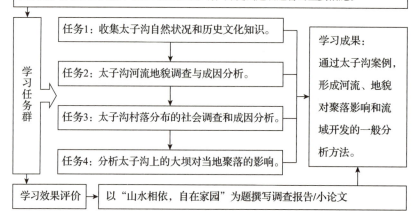

教学实施

---◦ **任务 1** ◦---

太子沟自然状况和历史文化资料收集。

【地点】

学校图书馆、多媒体教室。

【活动】

通过查阅文献资料和网络学习,讲述太子沟的自然地理环境和历史文化由来。

---◦ **任务 2** ◦---

太子沟河流地貌调查与成因分析。

【地点】

登封太子沟。

【活动】

1. 观察沿途的河谷形态、河滩沉积物颗粒大小、磨圆度、出露岩层的产状(走向、倾向和倾角)等,用相机拍摄,记录下关键词,并描述太子沟的地貌特征。

河谷分段	地貌形态	坡度	沉积物特征		地质构造
			颗粒大小	磨圆度	
600~700m 高程(谷口)					
700~800m 高程					
800~900m 高程					
900~1000m 高程					

2. 分析不同河段地貌特征的成因。

	成因分析
700m 以上形成 V 形谷	
从上游到谷口沉积物颗粒特征变化	
谷口洪积扇	

阅读

流水地貌与冲积物

冲积物是河流在河床中或溢出河床的堆积物。其碎屑来自上游集水区、河底及河岸基石、谷坡上的重力堆积物、坡积物等。

冲积物在河床中不断受到水流的冲蚀、磨蚀和融蚀作用，形态不断发生改变，而水流速度的改变又使不同形态、大小的冲积物在不同地段的堆积特征有明显的差异。冲积物的主要鉴别标志有：碎屑物质的粒径、成分、分选性、成层性、韵律性和磨圆度等。

分选性：河流上、中游因坡降大，流速快，沉积物颗粒大；下游坡降和流速均小，沉积物颗粒细小；河流中心流速大，岸边流速小（特别是凸岸），岸边的沉积物颗粒较中心的小；在时间上，洪水期因流速大，沉积的物质颗粒粗大；平水期流速小，沉积的物质颗粒细小，结果表现在沉积物垂直剖面中，粗、细沉积物成层分布。这种由于河流流速的有规律变化，其搬运物按颗粒粗细在空间上有规律地分离沉积的现象，叫作河流搬运、沉积过程中的机械分选作用。

成层性：由于河流流速在时间上的变化以及气候等在时间上的变化，使某一地区河流中沉积物在垂直剖面上颗粒大小、颜色深浅呈有规律变化而显示出来的成层现象，叫作河流沉积物的成层性。

韵律性：在河流沉积物中两种或两种以上沉积物（表现为颗粒大小、颜色等）在垂直剖面中有规律地交替出现的现象。它反映了沉积环境的规律性变化。每重复一次，称为一个韵律，河流沉积有韵律性。如一个完整的韵律可以包括下部的河床相沉积、中部的河漫滩相沉积以及上部的牛轭湖相沉积。

磨圆度：河流沉积作用一般发生在河流中下游，颗粒物搬运距离较远。在搬运过程中，颗粒互相撞击，并与河底岩石相互摩擦，被搬运的颗粒不仅会变小，还失去了棱角，磨圆度变好，且明显好于坡积物、洪积物和残积物。

任务 3

太子沟村落分布的社会调查和成因分析。

【地点】

登封太子沟。

【活动】

1. 通过实地走访，了解目前太子沟一带村落的分布状况。

2. 分析太子沟村落分布与河流和地形之间的关系，并分析原因。

3. 通过实地调查和走访民政部门，统计 1988—2018 年当地自然村的户籍人口规模和常住人口规模,填写下表。总结当地户籍人口和常住人口特点,并通过环境人口容量、经济发展特点等方面分析原因。

年份	户籍人口(人)	常住人口(人)
1988 年		
1998 年		
2008 年		
2018 年		

4. 根据当地地理环境特征判断当地村落面临的主要自然灾害。

任务 4

太子沟上的大坝对当地聚落的影响分析。

【地点】

登封太子沟。

【活动】

1. 调查太子沟上的大坝的基本状况。

位置	
修建时间	
总库容	
大坝高度	
坝顶长度	
级别	

2. 分组合作探究:根据太子沟上的大坝的特征和当地地理环境特征,分析大坝具有哪些功能,并推测当地村民修建大坝的最主要目的。

3. 走访当地村民和当地政府相关部门,印证你的观点。

4. 根据对太子沟河流、地形与聚落的调查分析,为山村聚落的发展提出趋利避害的建议。

阅读

水坝的主要功能

水坝,是拦截江河渠道水流以抬高水位或调节流量的挡水建筑物。

水坝的上游会形成水库,以便抬高水位、调节径流、集中水头。水库常用于防洪、供水、灌溉、养殖、发电、改善航运和旅游等。

除此之外,还有一些特殊功能的水坝:

(1)淤地坝。它是指在水土流失地区各级沟道中,以拦泥淤地为目的而修建的坝工建筑物,其拦泥淤成的地叫坝地。在流域沟道中,用于淤地生产的坝叫淤地坝或生产坝。一条沟内修建多个淤地坝是我国黄土高原水土流失严重地区重要而独特的治沟工程体系。其主要目的是滞洪、拦泥、淤地、蓄水、建设农田、发展农业生产、减轻黄河泥沙。

(2)拦石坝(又称谷坊坝)。在泥石流沟的流通地带,将沟底陡坡改成台阶状的缓坡,使泥石流在坝前沉积而修筑的低矮拦泥石的坝群。为减少坝的受冲力量,应采用低坝,一般坝高不宜超过 5 米,淤满后可再加高。坝距视坝高、地面坡度而定。筑坝材料可因地制宜,有石砌坝、土坝、竹笼坝或木石坝等。

学习评价

以"山水相依,自在家园"为题撰写调查报告 / 小论文。

要求:

1. 描述太子沟不同地段地貌的形成过程。

2. 分析河流、地貌对该地村落形成、发展和演变的影响。

3. 提出趋利避害,更好地发展当地村落的建议。

4. 字数 1000 字以内。

本节教学实施评价要点

·········▶ **任务 1** ◀·········

【活动】

略。

◦　任务 2　◦

【活动】

1.

河谷分段	地貌形态		坡度	沉积物特征		地质构造
				颗粒大小	磨圆度	
600~700m 高程（谷口）	洪积扇		小 ↓ 大	小 ↓ 大	好 ↓ 差	断层分布
700~800m 高程	V 形谷	河谷宽度大 ↓ 河谷宽度小				
800~900m 高程						
900~1000m 高程						

2.

	成因分析
700m 以上形成 V 形谷	岩层水平挤压→形成山地并产生断层→雨季山洪下蚀强烈→V 形谷
从上游到谷口沉积物颗粒特征变化	山顶机械风化强烈→形成巨大砾石→雨季山洪挟带大小不等的砾石下移→动能随海拔降低而减小→较大的砾石首先堆积，因其移动距离短→磨圆度较差；而较小的砾石随水流移动距离长→磨圆度较好
谷口洪积扇	上游流速快，挟带大量砾石和泥沙，出山谷口，河道变宽，流速减缓，河流挟带的砾石和泥沙在山麓形成以谷口为扇顶的扇状堆积地貌。从扇顶到扇缘，因流水推动作用逐渐减弱，故沉积物颗粒由大到小依次分布。

◦　任务 3　◦

【活动】

1. 略。

2.（1）关系：村落主要分布于山地河谷出口的洪积扇上。（2）原因：地形平坦，交通便利；土壤较肥沃、地下水较丰富，有利于从事农业生产活动。

3.（1）填表略。（2）①户籍人口数量较少，且相对稳定。原因：地处山区，环境较恶劣，环境人口容量较小。②常住人口数量较少，且逐渐减少。原因：外出务工，寻找就业机会。

4. 春季：旱灾；夏季：山洪、泥石流和滑坡。

任务 4

【活动】

1. 略。

2.（1）功能：春季干旱→蓄水灌溉；平地较少→淤地成田；多发山洪→蓄水防洪；多发泥石流→拦石防灾。（2）最主要的目的：大坝位于河谷上游，河流水量小，故蓄水灌溉能力较弱；上游河谷交通不便，空间狭小，故淤地成田可能性较小；水坝坝高和顶宽较小，库容有限，故蓄水防洪能力有限；大坝上游多巨大砾石，而下游砾石颗粒较小，故该大坝修建的主要目的是拦石防灾。

3. 略。

4. 选址：根据当地的地形、河流分布特征，选择好聚落的区位（山麓洪积扇、河流阶地）。

经济：根据不同地段的环境特点，因地制宜发展不同的农业类型（平地发展种植业，山坡发展林果业，适当发展旅游业）。

防灾：因地制宜建设好防灾工程；恢复山区植被。

交通：加强山区交通建设，为山区聚落发展提供基础设施保障。

学习评价要点

略（报告主题明确，论证充分，逻辑性强）。

5 石淙梦华

——"石淙会饮"的"前世今生"

推介语

石立崇冈山峡间，有当关扼险之势，水沁入胁下，从此水石融和，绮变万端……低则屿，高则台，愈高，则石之去水也愈远，乃又空其中而为窟、为洞。……不意黄茅白苇中，顿令人一洗尘目也！

这是《徐霞客游记》中记录的嵩山八景之一"石淙会饮"的胜景。影片《少林寺》中的牧羊女放牧和《三国演义》中的"火烧博望"等外景，均拍摄于此。

独特的岩溶地貌造就了"石淙会饮"旖旎的自然景观，两岸崖壁高耸，险峻如削，洞中有巨石，岸边多洞穴，水击石响，淙淙有声，被誉为"天中胜境"。据史书记载，武则天曾率群臣到此游览，并在一块石芽上设宴，众臣吟诗作对，鼓乐相助，仕女起舞，后人称此为"石淙会饮"。

此时，你的脑海中是不是浮现出这样的场景：石淙河泉水淙淙，鱼翔浅底，泛舟而行，芳草萋萋，蝉鸣鸟语……你是不是已经迫不及待，心向往之了？

学习目标

● 通过实地考察，描述"石淙会饮"的自然地理环境。

● 判断"石淙会饮"地貌并推测其演化过程。

● 绘制"石淙会饮"地质剖面示意图。

● 探讨"石淙会饮"环境恶化的原因，提出"石淙会饮"综合开发的措施。

课程小贴士

🧭 **实践地点**

河南登封嵩山东南部的西刘碑村外"石淙会饮"景区

🕐 **推荐实践季节**

室外观测活动为主，夏、秋季节最佳

⊙ 课程建议时长

　1 天

⊙ 实践装备

　登山鞋、运动长裤、铅笔、写字板、稀盐酸（浓度 3.5% 左右）、放大镜、地质罗盘、水质测试笔。

⊙ 安全事项

　活动场所为户外山地、河谷，需注意山坡落石；涉水时注意安全；多石崖，注意脚下安全。

区域资源——课程标准双向对照表

课程标准中的"内容要求"	核心概念	区域资源	资源类型		
			图文资料	影音资料	实践基地
必修 1.4 通过野外观察或运用视频、图像，识别 3~4 种地貌，描述其景观的主要特点。	岩溶地貌 河流地貌 地貌形态成因 生态环境问题 旅游资源	溶洞、石芽、壶穴	√		√
		石淙河阶地	√		√
选择性必修 1.3 结合实例，解释内力和外力对地表形态变化的影响，并说明人类活动与地表形态的关系。		断层对地表形态的影响			√
		流水作用对地表形态的影响	√		√
选择性必修 2.8 以某流域为例，说明流域内部协作开发水资源、保护环境的意义。		水污染、大气污染等生态环境问题	√		√
选修 5.2 举例说明某种旅游资源的成因和价值。		自然风光	√		√
		摩崖石刻	√		√

教学设计流程

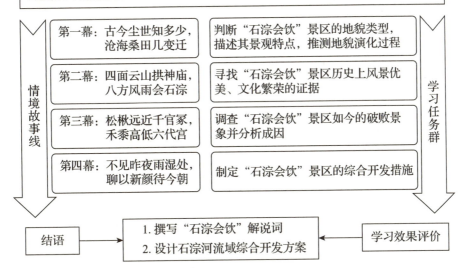

教学实施

---------- ◦ 任务 1 ◦ ----------

出行前查阅资料。

【地点】

学校图书馆、电子阅览室。

【活动】

通过查阅文献资料,说出石淙河地区自然地理环境的整体性和历史文化由来。

---------- ◦ 任务 2 ◦ ----------

前世:"石淙会饮"景区的诞生和成长。

【地点】

河南登封嵩山东南部的西刘碑村外"石淙会饮"景区。

【情境】

第一幕:古今尘世知多少,沧海桑田几变迁

在海底沉睡了几亿年,随着地壳抬升,我从海底出露,沐浴着阳光,欣赏人间的繁华。经过岁月的洗礼，构造运动、流水作用将我雕琢得风光旖旎、魅力无限。

【活动】

1. 结合前期查阅的资料，观察沿途的气候、地貌、水文、植被、岩石、土壤等自然地理要素，并简要记录其特征。

时间：　　　　　　记录人：

自然地理要素	特征
气候	
地貌	
水文	
植被	
岩石、土壤	

2. 在"石淙会饮"景区采集岩石标本，并判断岩石类型。

3. 识别壶穴、溶洞、石芽、峰林等典型地貌，记录其分布位置，描述其形态特征并推测其成因。

地貌	分布位置	形态特征	成因
壶穴			
溶洞			
石芽、峰林			

4. 分析石淙河河谷南北两侧谷坡坡度及阶地的差异，并绘制石淙河地质剖面示意图（要求：标注比例尺、岩石类型、层理、断层、阶地）。

5. 比较"石淙会饮"的岩溶地貌与我国南方典型的岩溶地貌的区别。

阅读

白云岩与石灰岩的区别

石灰岩和白云岩同为沉积碳酸盐岩，按成因都属于沉积岩。多形成石林和溶洞，人们称之为喀斯特地貌或岩溶地貌。二者的区别在于：

"看"：风化后，由于白云岩为不完全节理，较石灰岩坚韧，风化面上常有白云石粉及纵横交错的刀砍状溶沟。这是在野外用肉眼可识别的白云岩最重要的特征。一般而言，石灰岩颜色较深（深灰色、灰色），白云岩为浅灰色、灰白色。当然，也有例外，那么就需要用到第二种方法。

"验"：将3.5%左右的稀盐酸滴到石灰岩新鲜面上，会看到剧烈冒泡，而滴到白云岩新鲜面上则不会冒泡，只有滴到白云岩粉末上才可见到微弱冒泡。当然，大自然中的岩石很多不是那么绝对，有的为白云质灰岩，遇到盐酸冒泡不强烈;有的为灰质白云岩,遇到盐酸冒泡也不强烈,这就需要取样做一些诸如薄片观察、X衍射等分析才能确定了。

岩溶地貌

岩溶即喀斯特,是水对可溶性岩石(碳酸盐岩、石膏、岩盐等)进行以化学溶蚀作用为主,流水的冲蚀、潜蚀和崩塌等机械作用为辅的地质作用,以及由这些作用所产生的现象的总称。经过岩溶作用所形成的地貌,被称为岩溶地貌。其形成条件包括:(1)具有流动的水(湿热气候可以加速反应);(2)岩石具有可溶性(大多数是碳酸类盐和硫酸类盐,例如:石灰岩、白云岩、泥灰岩);(3)水的溶蚀作用。中国是喀斯特地貌分布面积最大的国家,从热带到寒带,各种喀斯特地貌类型齐全。几乎所有的省区都有喀斯特地貌分布,但广西、云南、贵州等地分布最为集中。

溶洞是可溶性岩石因岩溶作用而形成的地下空洞。由于石灰岩层各部分含石灰质多少不同,被侵蚀的程度不同,岩石逐渐被溶解分割成互不相依、千姿百态、陡峭秀丽的山峰和具有奇异景观的溶洞。

壶穴指基岩河床上形成的近似壶形的凹坑,由急流漩涡挟带砾石磨蚀河床而成。壶穴集中分布在瀑布、跌水的陡崖下方及坡度较陡的急滩上。

溶沟间突起的石脊称石芽。

【活动建议】

根据学业质量水平层级,可以适当拓展探究地质剖面形成的原因,并搜集证据。

任务 3

演变:"石淙会饮"景区的荣耀与没落。

【地点】

河南登封嵩山东南部的西刘碑村外"石淙会饮"景区。

【情境】

第二幕:四面云山拱神庙,八方风雨会石淙

山清水秀、鱼翔浅底、水击石响、淙淙有声,越来越多的人慕名而来,游玩踏青、虔诚祈祷，甚至形成了一年一度的节庆活动。唐代女皇武则天也对我青睐有加，在此大宴群臣、吟诗作对，并留下了摩崖石刻。历朝历代的文人骚客也纷至沓来，瞻仰女皇的遗迹，欣赏我的风姿。

第三幕：松楸远近千官冢，禾黍高低六代宫

时光飞逝，人间日新月异，不知何时，隆隆的机器声在我耳边响起，刺鼻的气味将我吞噬，从此我便开始了与烟尘、污水为伴的日子。青山没了，绿水没了，鱼虾也绝迹了。偶尔路过的人们也只能从女皇和文人骚客留下的痕迹中忆起我曾经的荣光。

【活动】

1. 简述古时"石淙会饮"游人如织的原因。
2. 选取合适的河段，采集河水样本，用水质测试笔检测河水水质。
3. 实地考察，了解周围的厂矿开发情况以及废弃物排放情况。
4. 根据实地观测和收集到的资料，探究石淙河地区如今风光不再、人迹罕至的原因。

● 任务 4 ●

开发："石淙会饮"景区的新生与希望。

【地点】

河南登封嵩山东南部的西刘碑村外"石淙会饮"景区。

【情境】

第四幕：不见昨夜雨湿处，聊以新颜待今朝

随着"绿水青山就是金山银山"发展理念的践行，我的生存环境也在悄然改变。我看到了希望，期盼着乌烟少、天空蓝，期盼着工厂少、植被茂，期盼着清澈河水，期盼着鸟翔鱼跃，期盼着如织游人！

【活动】

1. 简述石淙河旅游发展将会给当地带来的积极影响。
2. 为石淙河地区的旅游发展提出合理建议。

阅读

石淙河旅游开发

中新社登封 2006 年 7 月 10 日电　中岳嵩山八景之一的"石淙会饮"将以崭新面貌呈现在中外游客面前——石淙河风景区修复建设项目已经开工。

……

石淙河旅游开发有限公司本着保护为主、抢救第一、合理利用、加强管理的方针做了规划。

石淙河风景区的开发修复项目分三期完成，项目总投资逾一亿元人民币。一期工期六个月,重点为道路整修、河床治理、修筑堤坝、对石林摩崖题记进行修缮;二期工期为二十个月,重点为修建观赏宝塔,恢复三阳宫部分建筑及整修武皇庙,并配套建设生活办公区、商业区、餐饮区、休闲娱乐区等;三期工期为十个月,重点包括修造三座山门、山间步道、绿化完善等。

整修后的石淙河景区,将与少林寺、中岳庙、嵩阳书院、观星台等景点连成一线,丰富登封旅游的自然景观,使"功夫旅游"与"文化旅游""风光旅游"交相辉映。在9日举行的石淙河风景区开工典礼上,联合国国际交流合作与协调委员会副主席珍安妮女士称赞了该项目对环境与人类和谐发展所作的努力。

学习评价

1. 撰写"石淙会饮"景区相关景点的解说词。

要求:讲述岩溶地貌的形成过程,分析环境演变的过程,注重科学性和趣味性,字数1000字以内。

2. 设计石淙河流域的综合开发方案。

提示:从水源地保护、河道治理、土地利用、文化传承、旅游开发等角度入手。

本节教学实施评价要点

任务1

【活动】

略(可以从区域地理位置对自然地理环境各要素,如地形、气候、水文、土壤、生物等的影响,以及各要素之间的关系理解自然地理环境的整体性;历史文化由来可以从史料、故事、历史习俗等方面进行了解)。

任务2

【活动】

1.

时间:(据实填写)　　　　　　　记录人:(据实填写)

自然地理要素	特征
气候	低温少雨,秋高气爽(不同季节有差异)
地貌	岩溶地貌(与周边黄土地貌差异大)

（续表）

自然地理要素	特征
水文	石淙河水量小，含沙量小（季节变化大）
植被	以温带落叶阔叶林为主，周边有农田（小麦、玉米）
岩石、土壤	以白云岩、黄土为主

2. "石淙会饮"景区的岩石以白云岩为主，形成的是岩溶地貌／喀斯特地貌，是石灰岩地区地下水长期溶蚀的结果。

3.

地貌	分布位置	形态特征	成因
壶穴	集中分布在瀑布、跌水的陡崖下方及坡度较陡的急滩上	壶穴内壁光滑，口径约1米，近似半圆	急流漩涡夹带砾石磨蚀河床而成
溶洞	发育在南岸基岩上，高出河床数米	口径约2米，内壁不规则，不光滑，偶见钟乳石	地下水沿节理面长期机械侵蚀为主，溶蚀作用为辅
石芽、峰林	溶沟间突起的石脊	顶端尖，下部粗的锥形岩体	流水沿石灰岩裂隙向下溶蚀，使原本完整的石灰岩沉积变得孤立，形成规模较小的石芽和规模较大的峰林

4. 石淙河发源于嵩山东麓九龙潭，流经卢店朝阳沟水库、尧坡山西麓，受断层影响，折向南流入颍河，总体流向是北西至南东。该处河谷相对开阔，南北两岸不对称。南岸出露岩性是白云岩，抗风化能力较强，故谷坡相对陡峭，无阶地发育。北岸出露岩性主要是砂岩、粉砂岩及页岩，抗风化能力较弱，故谷坡相对开阔平缓，发育有3级阶地：Ⅰ级阶地为基座阶地，Ⅱ级阶地为堆积阶地，Ⅲ级阶地为侵蚀阶地。石淙河地质剖面示意图如下：

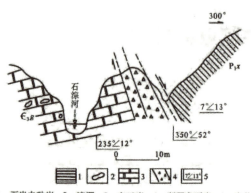

1—页岩夹砂岩；2—溶洞；3—白云岩；4—断层角砾岩；5—产状

资料来源：高东方，盛利芳．嵩山"石淙会饮"地貌成因探讨．西部探矿工程，2015（10）：89-90，92.

5. 南方典型岩溶地貌的基岩石灰岩含量高，因为南方气候湿热，雨水充沛，植被发育，岩溶地貌主要在属于外力的流水溶蚀作用下形成。"石淙会饮"的岩溶地貌的基岩以白云岩为主，是在内外力共同作用下形成的；这是由于受断层影响，节理发育，岩石破碎，水量丰沛时，水沿着节理运移侵蚀形成构造岩溶地貌。

───────── ○ **任务 3** ○ ─────────

【活动】

1. "石淙会饮"为北方的岩溶地貌，与周边黄土地貌差异较大，景观独特性强，美学价值高；有摩崖石刻等古迹，历史文化价值高；交通便捷；距离古时都城较近，人流量大；知名度高。

2. 略（以学生实测为准）。

3. 略。

4. ① 自然原因：全球变暖，气候趋于干旱，河流径流量减少；溶蚀作用减弱，植被覆盖率降低，美景褪色。② 人为原因：随着人口增加，生活生产用水量增多，石淙河径流量减少；人类对当地煤炭资源的开发利用，对地表植被和环境的破坏，带来大气、地表水、地下水和土壤污染；交通不便；随着娱乐方式多元化，传统习俗逐渐消失。

───────── ○ **任务 4** ○ ─────────

【活动】

1. 有利于道路等基础设施的完善；带动旅游等相关产业的发展，提高财政收入和经济水平；提供就业机会，提高居民收入；美化环境，促进当地可持续发展。

2. 政府主导，转变经济增长方式，综合治理开发，美化环境；加强宣传，提高知名度；修缮道路、河床、堤坝、石林摩崖题记等基础设施和景点；制定相关的环保措施，完善监督机制；规划旅游路线；周边企业进行产业升级和转型，提高工艺，减少污染物排放；调整产业布局；提高民众的环保意识。

学习评价要点

略。

6 "石头记"

——嵩山的地质地貌演变

推介语

巍巍嵩山，雄峙中原，名称中岳，华夏渊源。

中原地区是中华文明的重要发源地，嵩山地区更是华夏族群的活动舞台。其实，超越五千年的文明史，当我们用地质历史的眼光来打量这片大地，就会发现这里也是中国最古老的陆地核心之一。不管从文明史还是地质史角度看，这里都是最古老的中国。

在这里，你可以"穿梭"从太古代到新生代40亿年的时光，感受"五代同堂"的地质奇观。当你在山中步道拾级而上，斑斓错落的岩层中，内力和外力"你方唱罢我登场"，一部波澜壮阔的地质演变史就会在眼前徐徐铺展。

或许你在高中地理的学习中遇到过一些麻烦，对地质地貌的学习不得要领；

或许你不满足于纸上谈兵，想让那些书本上、试卷中的地质剖面图、等高线地形图变成真实的峻秀山川；

或许你对嵩山的身世演变充满好奇。

现在，嵩山脚下一块普通而又魔幻的石英岩向你发出邀约，你愿意和它一起，经历它的前世今生吗？

学习目标
- 描述嵩山地质地貌的演变过程。
- 探究三大类岩石的特征和形成过程。
- 对比不同沉积岩的沉积环境差异，并据此反推环境演变。
- 绘制典型岩层剖面、崩塌地貌剖面、洪积扇剖面。

课程小贴士

🜨 实践地点

嵩山峻极峰登山步道——三皇寨登山步道——九龙潭登山步道——嵩山地质博物馆

推荐实践季节

室外活动为主,夏、秋季节最佳

课程建议时长

2天

实践装备

登山鞋、运动长裤、写字板,以及指导教师要求的其他物品。

安全事项

以户外山地活动为主,主要研学地点位于未开发的景区,需听从组织人员和指导教师的安排,不私自做决定,有问题及时报告指导教师。

区域资源—课程标准双向对照表

课程标准中的"内容要求"	核心概念	区域资源	资源类型		
			图文资料	影音资料	实践基地
必修 1.3 运用地质年代表等资料,简要描述地球的演化过程。	地质地貌的演变	嵩山峻极峰登山步道地质地貌遗存	√		√
必修 1.4 通过野外观察或运用视频、图像,识别 3~4 种地貌,描述其景观的主要特点。		三皇寨登山步道地质地貌遗存	√		√
选修 9.5 学会在野外观察、测量和分析地质、地貌基本形态的方法,并采集样品。		九龙潭登山步道地质地貌遗存	√		√
选修 9.6 识别主要造岩矿物和常见岩石,认识不同性质岩石对地貌发育的影响。		嵩山地质博物馆	√	√	√

教学设计流程

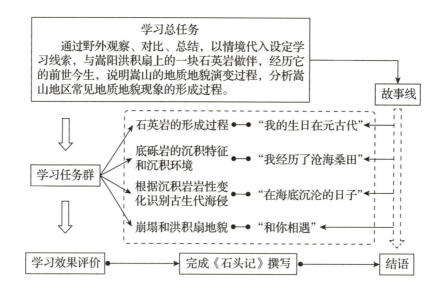

教学实施

······· ● 任务 1 ● ·······

尝试初步野外观察。

【地点】

嵩阳书院登山步道入口。

【情境】

楔子

夏日炎炎,山风清凉,你在嵩山步道漫步。高耸的白色岩壁不时从树影中显露出来,你发现这是嵩山最习以为常的容颜。行经一处土石陡崖时,你发觉石块像是被人堆砌的一样,层层有致,树木躯干也是中道转折不同寻常。于是,你在旁边的石凳上小憩,感慨这造物的神奇。

神思遐飞之际,一块石头突然发出光芒,还低语道:"无才可去补苍天,本是碌碌石英岩。此身化作洪积扇,倩何因缘至君前?"

你大惊失色,转又觉得有趣,于是受邀和这块顽石一起,经历它的前世今生。

嵩山石英岩景观图

【活动】

1. 采集岩石标本，并判断嵩山主体岩石的类型。

2. 嵩山多裸露的高耸岩壁，观察并推测其成因。

3. 实地寻找和观察沉积物堆积剖面，判断土石堆积体中的石块是被哪种力量堆砌，并观察其沉积特征。

4. 该地某些坡面上树木的树干虬曲，请学生尝试寻找，并初步推断树干虬曲形态的形成过程。

5. 查阅《红楼梦》中对"补天顽石"的描述，推断其岩石类型，并说明理由。

> **阅读**
>
> 《红楼梦》第一回　甄士隐梦幻识通灵　贾雨村风尘怀闺秀（节选）
>
> 原来女娲氏炼石补天之时，于大荒山无稽崖炼成高经十二丈、方经二十四丈顽石三万六千五百零一块。娲皇氏只用了三万六千五百块，只单单剩了一块未用，便弃在此山青埂峰下。谁知此石自经锻炼之后，灵性已通，因见众石俱得补天，独自己无材不堪入选，遂自怨自叹，日夜悲号惭愧。

【活动建议】

观察、采集时分小组进行，各组可从地质、地貌、植被、土壤等方面寻找最典型的特征进行观察和分析。

————————————· **任务 2** ·————————————

石英岩的形成过程。

【地点】

嵩山登山步道、嵩阳运动遗迹处。

【情境】

我的生日在元古代

石英岩将你带到它的诞生时刻——元古代。

你很诧异,只听过唐宋元明清这些时代,不曾听说过元古代。

石英岩说:"我也曾在万丈崖壁上,看沧海桑田兴衰浮沉。中生代的恐龙在我脚下繁衍了近2亿年,第四纪人类只出现了两百万年,而那些朝代兴衰也只有五千年而已。"

你想,这可能就是小大之辩吧,不过那些元古代、中生代、第四纪到底是什么呢? 这块石英岩又是如何在元古代诞生的呢?

【活动】

1. 阅读"地质年代表与重要地质事件"表格,说出地质年代划分的主要依据,指出元古代的时间范围。

地质年代表与重要地质事件							
地质年代			距今时间(Ma)	时代间距(Ma)	代表性地质事件	动物演化	植物演化
显生宙	新生代	第四纪	2.6	2.6	冰期、间冰期交替	人类出现	被子植物繁盛
		新近纪	23.3	20.7	喜马拉雅造山运动	哺乳动物繁盛	
		古近纪	65	41.7			
	中生代	白垩纪	137	72	小行星撞击事件	爬行动物繁盛	裸子植物繁盛
		侏罗纪	205	68			
		三叠纪	250	45			
	古生代	二叠纪	295	45	生物大灭绝事件	两栖动物繁盛	蕨类植物繁盛
		石炭纪	354	59	联合古陆形成		
		泥盆纪	410	56		鱼类繁盛	裸蕨植物繁盛
		志留纪	438	28		海生无脊椎动物繁盛	藻类、菌类繁盛
		奥陶纪	490	52			
		寒武纪	543	53	生物大爆炸事件		
元宇宙	元古代		2500	1957	雪球地球事件		藻类出现
太古宙	太古代		3800	1300	陆核形成		原核生物
冥古宙			4600	800	地球形成		

2. 时间尺度是地理学的重要分析维度,你能举例从地质历史和人类文明史的时间尺

度差异来论证地貌问题吗？还存在其他的时间尺度差异吗？

3. 根据所采集的岩石标本，说明石英岩的形成过程。

任务 3

底砾岩的特征和沉积环境。

【地点】

嵩山登山步道、嵩阳运动遗迹处。

【情境】

我经历了沧海桑田

石英岩说："有一天，在我下边的兄弟告诉我，在我们出生之前，这里曾是河流和浅海。我问它怎么知道的，它说是下边的兄弟底砾岩告诉它的，我想那应该没错了。"

你很迷茫，怎么下边的石头会知道过去的历史，那个底砾岩又是什么？

但你又觉得石英岩的出生一定有个史诗般的故事，那又是什么呢？

【活动】

1. 阅读材料"底砾岩"，结合岩层剖面观察，小组合作探究嵩阳运动底砾岩的沉积物特征。

> **阅读**
>
> **底砾岩**
>
> 底砾岩是砾岩的一种。砾岩和砂岩一样属于沉积岩，砂岩由沙粒沉积而成，砾岩由砾石堆积形成，相比之下砾岩的成分颗粒更大。

2. "下边的石头会知道过去的历史"，你能解释石英岩的说法吗？

3. 根据现场观察绘制出嵩阳运动岩层剖面。

（要求：选择合适的比例尺并标注；标注方位、地质年代；刻画岩层的层理、断层；刻画磨圆度、分选、排列等沉积特征）

嵩阳运动岩层剖面

绘图人：_____   绘图时间：_____   剖面位置：<u>嵩山武则天行宫南</u>

4. 结合对底砾岩的观察分析，你能解读出海水吞没陆地的信息吗？太古代向元古代的转变经历了怎样的地质过程？请讲述这个史诗般的故事。

· 任务 4 ·

根据沉积岩岩性变化识别古生代海侵。

【地点】

河南登封九龙潭沟头。

【情境】

在海底沉沦的日子

石英岩说："还记得海陆变迁吧，我们感慨那波澜壮阔的毁灭与新生，但未曾料到自己有朝一日会经历，直到古生代的到来。"

石英岩底部的砾岩见证了沧海桑田，从而开启了太古代向元古代的转变，难道古生代也是这样终结元古代的吗？

石英岩接着说："水波滔滔，怀山襄陵，我们以为再猛烈的水淹也会消退，只是没料到水位持续上涨，我们在海底沉沦了一亿年。"

你觉得那会是一段漫长的寂寞岁月。

【活动】

1. 阅读地质年代表，指出古生代的时间范围。

2. 在九龙潭沟头，观察岩层的递变关系，找出古生代底砾岩、页岩、石灰岩，并采集岩石样本。

3. 结合沉积岩与沉积环境的关系以及野外观察，推断古生代海平面的变化特征。

4. 阅读地质年代表，推测石英岩在古生代的海洋中是否会寂寞？

· 任务 5 ·

崩塌和洪积扇地貌。

【地点】

嵩阳书院登山步道入口。

【情境】

和你相遇

石英岩说："海底的岁月戛然而止，伴随着隆隆的托举声，我们脱离水面，高悬万丈，中生代就这样到来了。新生代以后，我们继续抬升，直到你们出现，将我们称为中岳。"

你觉得，嵩山变得丰满起来，这"五代同堂"的历史同"天地之中"的区位一般厚重。

但你还有疑问，高高在上俯瞰众生的石英岩，怎么会到山脚的洪积扇里去呢？是什么力量在石英岩身上显示出盈满而亏的道理呢？

【活动】

1. 阅读地质年代表，指出中生代和新生代的时间范围。

2. 寻找洪积扇剖面，描述沉积物的层次结构和沉积排列特征，并绘制剖面示意图。
（要求：刻画岩层的层理、断层；刻画磨圆、分选、排列等沉积特征；绘制并标注马刀树。）

嵩阳洪积扇剖面示意图

绘图人：_____　　绘图时间：_____　　剖面位置：<u>嵩山南麓洪积扇</u>

---

3. 观察并绘制简图，对比洪积扇和倒石堆的形成原理和堆积特征。

洪积扇纵剖面	倒石堆纵剖面

4. 梳理石英岩的生命历程，解释"盈满而亏"的原理。

阅读

醉汉林与马刀树

　　发生过滑坡的地方，滑体上的树木往往会向滑动方向倾斜，这种形态的树木组成的树林叫作醉汉林。此后滑坡非常缓慢，甚至数年或十多年才停止滑动，倾斜树木上部向上直长，形成下部弯、上部直的树干，这种形态的树木叫作马刀树。

学习评价

在经历水灾火厄、升降浮沉、毁灭重生之后，你感慨万千，将这前尘往事、亿万年的沧桑记述下来，是为《石头记》。

当你正在奋笔疾书时，感觉有人在叫你的名字。你抬头一看，同学正拿着一瓶水准备递给你，还笑你枕着一块顽石就能睡着。

原来是"陡崖一梦"，你在同学的打趣中继续前进。

山风骤然又起，你回头看了眼那块顽石，又举目看那巍峨群山，感觉那一山一石突然鲜活起来，你似乎听到它们在讲述这大地的故事。

嵩山石英岩高悬万丈，它们是湮没在时光的永恒中，还是在时光的湮没中永生？你决定写完这《石头记》。（择优选用为嵩山研学导学词）

要求：

1. 以嵩阳洪积扇中一块石英岩的口吻，以第一人称描述；

2. 讲述石英岩从诞生到出现在洪积扇中的生命历程；

3. 注重科学性和趣味性的统一；

4. 字数在 1000 字以内；

5. 可采用照片、手绘示意图等辅助说明，图文并茂。

本节教学实施评价要点

任务1

【活动】

1.（1）提示：采集标本时使用地质锤、岩石标本袋或标本盒，需考虑标本大小、形态、新鲜断面等。（2）嵩山主体岩石类型为元古代石英岩。

2. 岩壁裸露可能的原因：嵩山山势陡峻，土层较薄，植被难以附着生长，地表易被侵蚀；山势陡峻的可能原因：嵩山经历断裂抬升后形成。

3. 提示：剖面中可以看到砾石出现了分层、定向排列、粒径分选等特征，引导学生进行初步观察即可。

4. 提示：树干形态是植被特征分析的角度之一，常见形态包括纵向直立、风旗状、马刀树、醉汉林等，此处为马刀树。可从植物生长条件变化角度引导学生进行初步思考。

5. 略（此题意在思维拓展，培养学生进行跨学科解读文本的意识。可找学生现场朗读，请学生讨论分析。文本中的"炼石"应为变质岩，嵩山石英岩也是变质岩，岩石的变质条件是高温高压）。

任务 2

【活动】

1. 地质演变、生物进化、气候变化等是地质年代划分的主要依据。元古代时间范围：距今 25 亿年至距今 5.4 亿年。

2.（1）示例：黄河水系的形成与演变需要从地质历史的时间尺度来探讨，比如黄河在早期属于内流河，河水汇集在现在的汾渭谷地一带，受到地势第二级阶梯和第三级阶梯上山脉的阻隔而无法入海，第四纪时切穿三门峡进入东部平原，从内流河变成外流河，这是地质历史尺度的考量。而五千年以来，黄河在华北平原经历了频繁的改道，塑造了华北冲积扇，其中人类对黄河河道的位置变迁影响重大，这是人类文明史尺度的考量。
（2）略。

3. 石英岩属于变质岩，由砂岩变质而成。其形成过程如下：泥沙沉积阶段，嵩山地区曾经为低洼地带，接受巨厚的泥沙沉积；固结成岩阶段，泥沙沉积层层叠加，胶结固化形成砂岩；变质阶段，受岩浆活动等因素影响，砂岩经高温高压，重结晶形成变质岩。

任务 3

【活动】

1. 底砾岩岩层中沉积物的粒径较大，与前面看到的砂岩、石英岩相比明显不同；岩层中沉积物呈现出定向排列的特征，与山下洪积扇中看到的特征相似，反映出水流搬运的痕迹；岩层中的沉积物出现了明显的变质特征，表明岩层的形成时间古老，经历了高强度的变质作用。

2. 根据沉积岩层的层序律，下部岩层的沉积时间早，自然知道过去的沉积环境特征，也就知道过去的历史。

3. 示例：

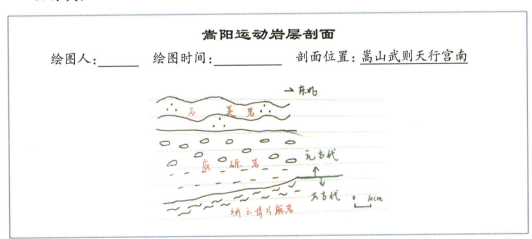

4. 底砾岩的下部是侵蚀面，表明太古代末期可能发生地壳抬升，地势较高的山体遭受了强烈的外力侵蚀；底砾岩的出现表明之后该地区又经历了地壳下陷，这里变为低洼地带，开始接受沉积；底砾岩的沉积物粒径较大，表明当时的气候湿润，水量较大，水流的搬运能力较强；底砾岩上部为石英岩，表明后期流水搬运能力减弱，搬运物由砾石转变为沙粒。"沧海桑田"体现在对太古代岩层的强烈侵蚀上（在这里可以给学生引入侵蚀基准面的概念，这里是认识这个概念的理想教学现场），也体现在底砾岩的形成上，水流搬运的大砾石开启了元古代的序幕。

任务 4

【活动】

1. 古生代时间范围：距今 5.4 亿年至 2.5 亿年。

2. 提示：在九龙潭沟头，可以由近到远观察到三组沉积岩，按照岩层排列顺序，由下到上依次为底砾岩、页岩和石灰岩。采集标本时使用地质锤、岩石标本袋或标本盒，应考虑大小、形态、新鲜断面等。

3. 沉积岩反映了沉积发生时的环境特征，砾岩为陆地沉积环境，页岩为滨海沉积环境，石灰岩为浅海沉积环境。此处由下向上依次出现砾岩、页岩、石灰岩，可见经历了海平面不断上升的海侵过程（此处可引导学生认识到沉积岩对地质环境变迁研究的重要意义）。

4. 古生代早期海洋生物开始繁盛，海底可能一片"喧嚣"。

任务 5

【活动】

1. 中生代的时间范围：距今 2.5 亿年至 6500 万年；新生代的时间范围：距今 6500 万年以来。

2. 沉积物的层次结构和沉积排列特征略。剖面示意图示例：

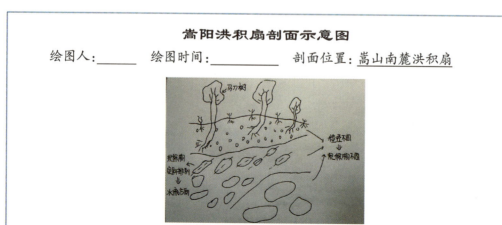

嵩阳洪积扇剖面示意图

绘图人：_____　　绘图时间：_____　　剖面位置：嵩山南麓洪积扇

3. 简图示例：

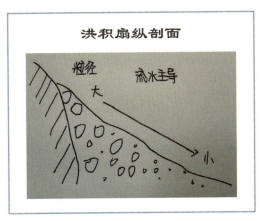

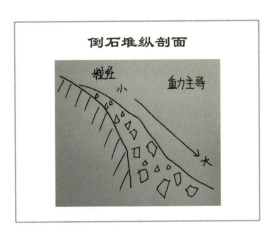

　　洪积扇和倒石堆都是出现在山体边缘的堆积地貌，其关键区别在于外力动力不同。洪积扇由流水搬运堆积而成，倒石堆在重力作用下堆积而成。从磨圆来看，洪积扇的沉积物磨圆相对较好；从分选来看，由扇顶到扇缘洪积扇沉积粒径由大到小，倒石堆则由小到大。原因在于，流水搬运过程中打磨条件较好，利于砾石的磨圆；流水出山后流速减小，搬运能力随之减弱，粒径大的颗粒在扇顶先沉积，粒径小的颗粒能被继续向扇缘搬运；而重力作用下，粒径大的颗粒更易向山下滚落，粒径小的颗粒容易在扇顶搁置固定。

　　4. 石英岩由砂岩变质而成，经历了低洼处泥沙沉积、高温高压变质、海侵沉沦、抬升成山、重力崩塌掉落、流水搬运堆积进入洪积扇的过程，内力和外力交相作用，时而高高在上，时而沉陷深渊，石英岩的生命历程是岩石圈物质循环的真实写照，这便是"盈满而亏"的道理（此处引导学生回归岩石圈物质循环的学科核心内容，石英岩的变动过程其实是岩石圈物质循环的具体个例）。

学习评价要点

　　略。评价标准示例如下：

等级	标准
三星	完整地表述嵩山石英岩的形成演变阶段，无科学性错误，故事设计合理，图文并茂
二星	较为完整地表述嵩山石英岩的形成演变阶段，基本无科学性错误，故事合理
一星	基本表述嵩山石英岩的形成演变阶段，故事合理

7 松涛阵阵
——山地植被分布及其成因

推介语

　　阳春鲜花烂漫，五彩缤纷；盛夏苍翠深秀，松涛阵阵；金秋红叶流丹，瓜果飘香；寒冬银装素裹，苍松傲雪。峰岳连绵，云雾缭绕，耳听松涛阵阵，眼观山花烂漫。

　　"人间四月芳菲尽，山寺桃花始盛开"；"南枝向暖北枝寒，一样春风有两般"。不同地区拥有不同的水热条件，就有不同的地表植被存在。在嵩山地区，因为山地海拔高度的不同，自然植被分布存在着明显的垂直地带性差异。同一类型的植被在形态特征方面存在明显差异；在水热条件不同的各季节也存在着明显不同的景观特征。

　　让我们沿永泰寺—嵩顶草甸—太子沟一线，一起领略形态各异的地貌景观，感受形色各异的植物芬芳，感悟大自然各种精灵所反映的神奇奥秘所在。组成这繁花世界的植被到底有怎样的神奇奥妙呢？

学习目标
- 描述植被类型的分布特征及植被特征。
- 推测并验证从山麓到山顶的水热条件差异。
- 分析植被类型及其特征与自然地理环境之间的关系。

课程小贴士

🏔 **研学路线**

　　线路规划：沿永泰寺—嵩顶草甸—太子沟一线实地考察。上山，半程阳坡，半程山脊；下山，半程阴坡，半程山谷。

🌡 **推荐实践季节**

　　室外观测活动为主，夏、秋季节最佳

🦉 **课程建议时长**

　　1天

📘 实践装备

　　徒步鞋、运动长裤、遮阳帽、写字板、记录本、手机、温度计、高程表及指导教师要求的其他必带装备。

⚠️ 安全事项

　　以小组为单位统一行动，一切行动听从指导教师和景区工作人员指挥；不私自做决定，有问题及时报告指导教师。

区域资源—课程标准双向对照表

课程标准中的 "内容要求"	核心概念	区域资源	资源类型		
			图文资料	影音资料	实践基地
必修 1.10 通过野外观察或运用视频、图像，识别主要植被，说明其与自然环境的关系。	山地植被 植被类型 植被形态	嵩山自然环境	√		√
		植被类型	√		
		植被形态	√		√
		嵩山植被随高度的变化	√		

教学设计流程

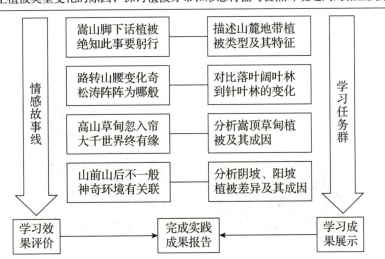

学习总任务
　　观察永泰寺——嵩顶草甸——太子沟沿线植被类型和植被形态的变化，分析产生植被类型变化的原因，探讨植被分布和形态特征与自然环境之间的相互关系。

情感故事线

嵩山脚下话植被 绝知此事要躬行 → 描述山麓地带植被类型及其特征

路转山腰变化奇 松涛阵阵为哪般 → 对比落叶阔叶林到针叶林的变化

高山草甸忽入帘 大千世界终有缘 → 分析嵩顶草甸植被及其成因

山前山后不一般 神奇环境有关联 → 分析阴坡、阳坡植被差异及其成因

学习任务群

学习效果评价 → 完成实践成果报告 ← 学习成果展示

教学实施

• 任务 1 •

观察、描述沿线植被（类型、形态）发生的变化。

【地点1】

永泰寺门前广场（海拔 620 米）。

永泰寺门前广场的植被

【活动1】

观察嵩山山麓地带的植被类型、植被树种特征、植被形态特征。

1. 通过 GPS 获取时间（具体到年月日以及时刻）、经纬度、海拔高度等信息。

2. 通过温度计和湿度计获取温度和湿度，测定风速、风向并记录数据信息。

3. 通过观察，描述学习地点的地形和坡向信息。

4. 观察记录当地的植被类型，描述植被特点（植被树种类型、数量、植物形态特征）和变化。

【地点2】

永泰寺—嵩顶草甸之间半山坡（海拔 900 米）。

半山坡乔木与灌木交错带

【地点3】

灌木与嵩顶草甸交界处。

灌木与嵩顶草甸交界处

【活动2】

1. 根据一路观察和记录的情况填写表格。

沿线植被特征与地理环境的关系

地点	海拔高度	大气温度	大气湿度	坡向	植被类型	树种类型	种群数量	植被形态
永泰寺门前广场								
半山坡乔木与灌木交错带								
灌木与嵩顶草甸交界处								

2. 描述常规测绘的数据与观察植被变化特征对比，推测在山地阳坡、不同海拔高度上出现植物种类和形态发生变化的主要原因。

- - - - - - - - - - ◦ **任务2** ◦ - - - - - - - - - -

嵩顶草甸成因分析。

【地点】

嵩顶草甸。

【活动】

1. 利用 GPS 工具箱，读取永泰寺和嵩顶草甸的海拔高度并计算相对高度和相对温差。利用信息技术手段查找嵩山山下和嵩山山顶的降水资料。

2. 在海拔高度为 1512 米的峻极峰没有出现高山草甸，而海拔高度只有 1100 米的嵩顶却出现了高山草甸，原因何在？

3. 不妨站在草甸上环顾四周，看看还有哪些因素使得该地区没有被嵩山油松占有，而将"地盘"腾给了高山草甸？

草甸局部图 a　　　　　　　　　　　　　　草甸局部图 b

4. 放眼望去，我们会看到有几处裸露的岩石基岩，继续大胆去设想并验证自己的想法。

任务 3

阳坡与阴坡的植被差异。

【地点】

嵩顶草甸—太子沟之间的半山坡。

嵩顶草甸与嵩山油松交错带

【活动】

沿山地阴坡下山，我们会在阴坡发现大量的嵩山油松，且数量较阳坡的多，分布面积大。

阴坡针叶林面积大、数量多，但缺失以灌木为优势的灌木带；阳坡几乎缺失针叶林带，但又比阴坡多了灌木带的特征。这又是什么因素发生变化导致的？

● 任务 4 ●

河谷地形对植物生长和分布的影响。

【活动】

继续沿山地阴坡下山，我们会听到一阵瀑布跌落谷底的声音。我们已经来到了太子沟上游地区。观察河流沿岸植被的差异，记录靠近河流与远离河流的植物在种类、数量和植被长势方面的差异。

河谷沿岸植被差异（海拔 720 米）

1. 结合眼前的现象，总结河流对植被的分布和长势方面的影响。

2. 沿着河流一路下山，我们会发现河流两岸的植被并没有随高度的变化而发生明显的变化。这是什么原因？在河流两岸，水热条件没有随海拔高度变化而发生变化吗？

学习评价

1. 能够根据植被的表象，描述植被的形态特征和分布特征。

2. 能够借助仪器设备直接从环境中获取环境数据信息（经纬度、海拔高度、气温、太阳高度等）。

3. 根据植被的形态特征和分布特征，推断植被所处的地理环境特征。

本节教学实施评价要点

● 任务 1 ●

【活动 1】

1. 略。

2. 略。

3. 略。

4. 略。

【活动2】

1.

沿线植被特征与地理环境的关系

地点	海拔高度	大气温度	大气湿度	坡向	植被类型	树种类型	种群数量	植被形态
永泰寺门前广场	620米			阳坡	温带落叶阔叶林		多	高大乔木，叶片大、厚
半山坡乔木与灌木交错带	900米			阳坡	乔木变成灌木		少	低矮乔木，叶片变小、薄
灌木与嵩顶草甸交界处	1100米			阳坡	灌木变草甸		少	低矮的草甸

2. 略。

---------- · 任务2 · ----------

【活动】

1. 略。

2. 提示：影响植被生长的主要因素有光照、热量、水分、土壤等。影响光、热、水的因素除纬度、降水、海拔高度之外，还有坡向、土壤等。

3. 示例：

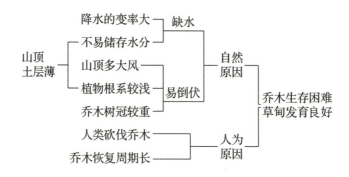

4. 略。

---------- · 任务3 · ----------

【活动】

阴坡光照弱，蒸发量小，水分条件好于阳坡，形成了以嵩山油松为主的针叶林；阳坡光照强,蒸发量大,水分条件差,形成了需水量较小的灌木带。

········· ◦ **任务 4** ◦ ·········

【活动】

1. 靠近河流的一侧水分条件好,植被繁茂,种类多,生长旺盛;远离河流的一侧,植被稀疏,干枯。

2. 在河流沿岸,随高度的降低,植被的种类和形态并没有发生很大的变化。因为在 600 ~ 1100 米高度上,温度差异只有 3℃,所以变化不大。而阳坡在 600 ~ 1100 米高度上有光照的差异,导致温度差异和水分差异较明显,所以阳坡的植被类型变换较多,阴坡变换较小。

学习评价要点

1. 现场观察植被的形态,包括叶片大小、稠密程度,树干的粗细、高低,树冠的大小等,要判断出植被类型(乔木、灌木、草甸),利用植被的形态分析其对地理环境的适应性,并初步判断植被所在区域的地理环境特征(温度、降水、水热搭配等)。

2. 学会使用常用的环境仪器获取环境数据信息,如:能够利用 GPS 工具箱获取地理位置信息(经度、纬度、海拔高度、距离、速度、时间等),熟练掌握地理信息与地理环境之间的关系,培养区域认知能力和地理思维。

3. 能够根据地理仪器测得的数据和信息以及现场观察到的植被特征,分析和验证植被的类型和形态与地理环境之间的相互关系,培养地理实践力和整体性地理思维。

8 地形对历史进程的影响

——楚河汉界古战场

推介语

中国历史上下五千年,万绪千端,史书卷帙浩繁。从地理的角度看历史上的杀伐征战、朝代更迭,你会发现这风云变幻中蕴藏的历史必然。

山川、湖沼、海洋、荒漠都可能成为军事扩张的障碍或地方割据的屏障,地理环境深刻影响着豪强争霸,进而影响着历史进程。

两千多年前,项羽与刘邦曾在中原大地上争雄。广武山是刘邦阻挡楚军西进的前锋要塞,而后双方划鸿沟为界分天下,形成著名的"楚汉对峙"局面。

你知道广武山的战略意义吗?楚汉多年争霸,为何会以鸿沟为界形成相对稳定的对峙局面?本节课,让我们一起走进楚河汉界古战场,穿过鸿沟,登上广武山,探寻黄河岸边穿越古今的故事!

学习目标

● 描述鸿沟所在的广武山区域地形特征。
● 分析鸿沟和广武山对刘邦抵御项羽进攻的重要意义。

课程小贴士

🜨 **实践地点**

楚河汉界古战场风景区

🜨 **推荐实践季节**

室外观测活动为主,夏、秋季节最佳

🜨 **课程建议时长**

1天

🜨 **实践装备**

徒步鞋、运动长裤、汉服、遮阳帽、景区地图、GPS、智能手机、相机、笔记本、铅笔等。

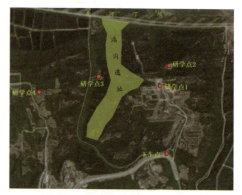

楚河汉界古战场研学点示意图

🛟 **安全事项**

以小组为单位统一行动，禁止下河，一切行动听从指导教师和景区工作人员指挥；不私自做决定，有问题报告指导教师。

区域资源—课程标准双向对照表

课程标准中的"内容要求"	核心概念	区域资源	资源类型		
			图文资料	影音资料	实践基地
选修 9.2 运用地理工具在野外进行定向、定位并获取野外地理信息。	定向	鸿沟、汉王城遗址、霸王城遗址	√		√
选修 9.3 阅读地形图、地质构造图以及遥感图像等，识别主要地形区、基本地质构造和地貌特点。	地形区、地貌特点				
选修 9.10 学会撰写野外考察报告并进行汇报交流。	野外考察报告				

教学设计流程

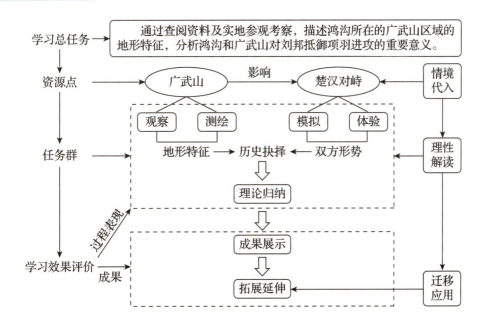

教学实施

---○ **任务 1** ○---

学会使用地图定向越野。

【地点】

研学点 1。

【情境】

中州之要塞

旧志有云："天下之要塞在中州，中州之要塞在广武。"广武山位于骆驼岭西行 3 千米的黄河南岸，呈东西走向，自古以"万年横天险"著称。广武山扼中原通向关中盆地之要塞，形势险要，森林茂密，可设兵埋伏，是兵家必争之地。近代以来，广武山为黄河南面的天然屏障，东为万里平原，无险可守，西连群山，山体北坡陡峻、不易攀登，南坡沟壑纵横、居高临下，可抵御东方、北方之敌。

【活动】

1. 对照地图，在下车点指出研学点 1（霸王城遗址）的方向，利用 GPS 导航从下车点沿安全线路到达研学点 1。

2. 到达研学点 1 之后，结合地图，在现场找到鸿沟。

---○ **任务 2** ○---

掌握鸿沟所在的广武山区域的地形地貌特征。

【地点】

研学点 1、研学点 2、研学点 3。

【情境】

难越之鸿沟

鸿沟位于河南荥阳，是洛阳盆地的东门户。这里是东部平原和豫西山地的过渡地带。

相传，魏惠王十年（公元前 360 年），魏国在黄河南岸利用广武涧的自然地形开凿了鸿沟，引黄河水入圃田泽，一来作为运河，运输粮食等物资；二来作为水利工程，灌溉沿岸农田。涧深 200 米，宽 100 米，南北走向。此涧即中国象棋中"楚河汉界"的原型。

鸿沟所在广武山地区是载入史册的古战场，其中最有名的战争莫过于"楚汉之争"。

【活动】

1. 在研学点 1、研学点 2 眺望鸿沟和黄河，指出山脊、沟谷、河漫滩、凹岸、凸岸。

2. 在研学点 1、研学点 2 观察黄河与鸿沟、广武山的邻接关系，寻找合适的角度，用相机拍下鸿沟、黄河的照片，并在笔记本上绘制简易素描图。

3. 通过 GPS 设备，记录研学点 1、研学点 2 的坐标和海拔。

4. 从研学点 1 前往研学点 3，记录所需时间。

5. 到达研学点 3 之后，用 GPS 记录研学点 3 的坐标和海拔。

6. 估算鸿沟的深度和宽度。

任务 3

从地形地貌的角度分析刘邦选择在广武山驻扎、阻楚西进的原因。

【地点】

研学点 3、研学点 4。

【情境】

楚汉争雄

秦末诸侯纷争，项羽骁勇善战，率骑兵驰骋中原。各路诸侯归附，项羽成为天下霸主，并选择位于平原地区、利于骑兵作战的彭城（今徐州）作为都城。

此时的刘邦被分封至与中原远隔重重大山的蜀地。后刘邦在张良、萧何、韩信等人的辅佐下占领关中平原并攻占洛阳，取得伊洛平原地区，但在偷袭彭城的时候，被项羽亲率三万骑兵击败。此后，刘邦退守鸿沟，西靠黄河、鸿沟和广武山天险。尽管东部平原地区是项羽骑兵的天下，但项羽依然无法取胜。刘邦高筑壁垒固守，迫使项羽于次年接受汉约，划鸿沟为界分天下，西属汉，东属楚。自此，"鸿沟对峙"局面形成，也留下了汉王城遗址和霸王城遗址。

楚汉长期在鸿沟对峙，项羽的骑兵优势发挥不出来。刘邦又派出韩信攻打山西、河北等地，夺取项羽的后方。而萧何坐镇关中平原大后方，不断地为刘邦输送士卒和粮饷到前线。最终，刘邦战胜项羽，称雄中原大地。

【活动】

1. 在研学点 3 观察鸿沟附近的地形，结合前期查找的资料，说说刘邦阻挡楚军所需要构筑的防御工事，并在现场指出当时防御工事最可能的构筑位置。

2. 前往研学点 4，穿汉服表演情景剧，以谋士的身份向刘邦分析屯兵广武山的必要性。

3. 在研学点 4 开展中国象棋比赛（可以大地为棋盘，32 名学生分为两组，扮演 32 枚棋子，开展"人体象棋"争霸赛）。

学习评价

1. 提交一份题为"地形对历史进程的影响"的主题研学报告。

2. 制作"鸿沟对峙"沙盘模型。

3. 表演情景剧《鸿沟对峙》。

通过对史料的研读以及实地对地形地貌的考察，设计剧本，选几名学生演绎楚汉"鸿沟对峙"的故事。要求：台词要讲清楚刘邦和项羽彼时各自的优势与不足，分析广武山、鸿沟的重要战略价值，演绎出刘邦选择据守广武山并能够守住，而且最终实现反败为胜的原因。

本节教学实施评价要点

任务 1

【活动】

　　1. 略（要求：准确指出方向，在规定时间内安全到达研学点 1）。

　　2. 略。

任务 2

【活动】

　　1. 略。

　　2. 略（要求：拍出的照片清晰可辨，绘制的素描图能抓住地貌的主要特征）。

　　3. 略（要求：正确使用 GPS 设备，准确记录研学点 1、研学点 2 的坐标和海拔）。

　　4. 略（要求：根据实际情况记录即可）。

　　5. 略（要求：正确使用 GPS 设备，准确记录研学点 3 的坐标和海拔）。

　　6. 略（提示：研学区域鸿沟约 10 米深、15 米宽，但因黄土地貌存在坍塌现象，具体以研学时教师测得的数据为准）。

任务 3

【活动】

　　1. 大约在鸿沟西侧坡面。

　　2. 示例：广武山扼中原通向关中盆地之要塞，地形险要，森林茂密，可设兵埋伏。其为黄河南面的天然屏障，东为万里平原，无险可守；西连群山，山体北坡陡峻、不易攀登，南坡沟壑纵横、居高临下，东面、北面均可抵御项羽的骑兵进击（要求：语言简洁、表达流畅、逻辑清晰、观点正确、表演形象）。

　　3. 略（要求：形式活泼、氛围轻松）。

学习评价要点

　　1. 略（研学报告符合主题、思路清晰、论据充分）。

　　2. 略（沙盘模型比例适当、相对位置准确）。

　　3. 略。

9 绿色生态屏障
——郑州黄河文化公园

推介语

生机盎然的春季,她在悄无声息中热闹起来,坡顶上的灌木丛,山坡上的野菊花,山底的红柳树、三色堇、桃花、海棠、樱花,争先恐后地用自己的语言诉说着春的到来。

恬静的夏季,她变得安静有序,侧柏、刺槐、酸枣树像家中大哥,小鸟在他们身上栖息,知了在他们身边歌唱,小花和小草也肆意地吐露着芬芳。

金色的秋季,高贵又安静的金黄色彩如约而至,此时有收获的喜悦、沁人心脾的妥当,更有由黄河吹来的秋风。这里的秋风温暖而悲怆,蕴含着力量和抗争,更洋溢着理想、激情和诗意。

充满魅力的冬季,深沉而调皮地粉墨登场,萧瑟、凛冽和灰色不再是人们对她固有的印象。她的冬季不是只有一抹白,远处的黄河褪去了夏秋的喧闹,安静地流淌;近处虽已不再是色彩斑斓,但总有绿色跳入眼帘,活泼而深沉。

她,就是坐落在郑州西北的邙山。来到这里,人们总能感受到她无尽的温柔和刚毅。仅仅用"美"并不能诠释她的四季,其"绿水青山"之貌为生态郑州支撑起坚实的绿色屏障。生态"氧吧"是对她的重新定义。从星星点点绿化到精品园林,她为黄河增添了一道亮丽的风景线!

学习目标

● 分析黄土地貌区水土流失的原因和危害。
● 简述植被在生态环境修复方面的作用。
● 梳理人类在邙山植树造林的历史。

课程小贴士

🜨 实践地点
    郑州黄河文化公园

推荐实践季节

室外观测活动为主，夏、秋季节最佳

课程建议时长

1 天

实践装备

徒步鞋、运动长裤、遮阳帽、烧杯、记录本、手机及指导教师要求的其他必带装备。

安全事项

以小组为单位统一行动，禁止下河，一切行动听从指导教师和景区工作人员指挥；不私自行动，有问题及时向指导教师报告。

区域资源—课程标准双向对照表

课程标准中的"内容要求"	核心概念	区域资源	资源类型		
			图文资料	影音资料	实践基地
必修 1.9 通过野外观察或运用土壤标本，说明土壤的主要形成因素。	土壤 植被 生态脆弱区	邙山	√	√	√
必修 1.10 通过野外观察或运用视频、图像，识别主要植被，说明其与自然环境的关系。		黄河文化公园	√	√	√
选择性必修 2.6 以某生态脆弱区为例，说明该类地区存在的环境与发展问题，以及综合治理措施。					

教学设计流程

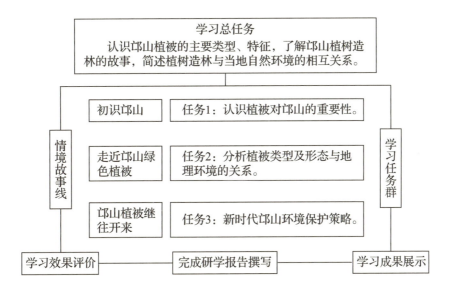

教学实施

---------------○ **任务1** ○---------------

认识植被对邙山的重要性。

【地点】

黄河文化公园。

【情境】

追寻邙山记忆

邙山属于黄土地貌。对于黄土地貌的形成原因，科学界有很多种说法，其中"风成说"认为，黄土主要是盛行西风从中亚、蒙古的沙漠和戈壁吹过来的，由于风力减弱，空气中的粉尘颗粒降落、沉积在地表，年复一年，堆积成现在的黄土地貌。由于黄土是"风吹来的"，所以邙山土质疏松，不易保墒（读 shāng，指土壤适合种子发芽和作物生长的湿度）。在邙山种树极其不易，甚至当时有"一年青二年黄三年变成干柴棒"的说法，植被的生存条件极差。过去，人们对生态环境的保护意识较弱，为数不多的灌木丛惨遭破坏，乱砍滥伐导致邙山寸草不生，最终成为光秃秃的荒山野岭。

邙山植被恢复

"百里不见炊烟起，唯有黄沙扑空城。"黄河沿岸地区常年遭受风沙、水土流失等诸多生态环境问题的侵害。20 世纪 70 年代的邙山是"吃着风沙看黄河"的地方，土质松散、山坡陡峭、水土流失严重。黄河岸边到处光秃秃的，不仅没树，连草根也很少，全是裸露的土地，风沙常年侵扰着郑州。

如今的邙山林木总量达百万余棵，核心区域拥有林地 380 多万平方米、草坪 6 万余平方米，荒山绿化面积 8000 余亩，各类树种超过 400 种，森林覆盖率达到 90% 以上，成为集观光旅游、科普研究、园林绿化、弘扬黄河文化于一体的综合性园区，彻底改变了风沙满天飞的情况，成为郑州的绿色屏障。

【活动】

1. 采访当地 60 岁以上的长者，搜集邙山植树造林的故事。

2. 通过网络或其他途径搜集 20 世纪 70 年代邙山的景观照片，对比邙山今昔之变。

3. 收集黄土样本，描述黄土的土质特征。

4. 进行水土流失对比实验，记录不同坡度、植被覆盖率、水量影响下的水土流失程度。

【活动建议】

1. 分小组开展活动，每组 4~6 人。

2. 收集黄土样本时，建议用手机拍照保存图片。

3. 进行水土流失对比实验时，建议录制高清视频。

任务 2

分析植被类型及形态与地理环境的关系。

【地点】

邙山。

【情境】

邙山精神永流传

20 世纪 70 年代以来的郑州市民都有一个共同的记忆：去邙山植树。为恢复郑州的生态屏障，成千上万的郑州人曾奔赴邙山植树。无论是学生还是工人、农民，都曾在这里迎着风沙挖坑种树、担水施肥。邙山生态环境的恢复依赖于前辈们矢志不渝的开荒精神。

而今，激情似火的植树年代已经远去，但邙山精神历久弥新，逐渐形成了"艰苦奋斗，知难而上，勇于创新，乐于奉献"的新时代邙山精神。

近 50 年来，郑州"黄河人"一直秉承艰苦奋斗的优良传统，凭着"不服输"的劲头，经过艰辛努力，终于让昔日的荒山秃岭换了新颜。科学种树能够起到事半功倍的效果。几十年的经验告诉这里的园林工作者：侧柏、松树等树种比较适合在邙山种植。

郑州市全民义务植树纪念碑

【活动】

1. 观察黄河文化公园中的主要树种，填写下表，并写出郑州其他地区的主要树种。

野外植物采集记录表

```
┌─────────────────────────────────────────────────────────────┐
│  采集人：_____    采集日期：_____                    │
│  地形：平原____ 高原____ 盆地____ 山地____ 丘陵____ 其他____   │
│  生境：平地____ 草地____ 田野____ 路旁____ 沼泽____ 水中____ 水旁____ │
│        山谷____ 山顶____ 密林____ 疏林____ 灌丛____ 坡度____ 坡向____ │
│        坡位____ 肥土____ 瘠土____ 沙土____ 湿土____ 石上____       │
│        性状：乔木____ 灌木____ 树冠形状____ 高____（m）胸径____（cm） │
│  草本：直立____ 匍匐____ 披散____                              │
│  藤本：木质____ 草质____ 攀援____ 缠绕____ 长____（m）寄生____ 附生____ │
│        树皮：颜色____ 厚____（mm）平滑____ 沟纹____            │
│  剥落：条状____ 片状____ 块状____ 环状____                     │
│  叶：_____      │
│  花：_____      │
│  果、种子：_____    │
└─────────────────────────────────────────────────────────────┘
```

2. 寻找并拍摄邙山主要植被的根系，分析其特征。

3. 寻访园林工作者，探究邙山选择现有树种的原因。

············•· **任务 3** ·•············

新时代邙山环境保护策略。

【地点】

邙山。

【情境】

邙山精神永流传

新一代邙山园林工作者在专业人员的指导下成立了植物实验基地，一切靠科学办事。一些原来在邙山无法生存的树种，通过科学驯化，已能够很好地适应邙山的自然环境。这些园林工作者并没有仅仅满足于绿化，他们从绿化向美化和彩化精进，丰富了黄河文化公园的植被品种，基本完成了"一季彩叶、两季有果、三季有花、四季常绿"的目标。

【活动】

邙山园林工作者为当地环境保护做了哪些努力？

学习评价

1. 设计一期关于黄河文化公园植被修复和生态保护的手抄报。
2. 根据考察过程中的所见所思，自定主题，撰写一篇实践报告。

本节教学实施评价要点

任务1

【活动】

1. 略（提示：采访时，做好详细的采访记录，最好以图、文、视频/音频的方式记录）。
2. 略（提示：照片要清晰，具有代表性）。
3. 黄土呈灰黄色或棕黄色，具有以下特征：①质地均一。②富含碳酸钙，在干燥状态下，钙质可以使土粒固结，但遇水后碳酸钙会发生溶解，从而使土粒分离，成分散状。因此，钙质多的黄土层易受流水侵蚀。③结构疏松、多孔性是黄土区别于其他土状堆积物的主要特征之一。④无沉积层理，但垂直节理发育，直立性很强。
4. 略（提示：水土流失程度与坡度、植被覆盖率、水量密切相关。坡度越大、植被覆盖率越低、水量越大，水土流失越严重）。

任务2

【活动】

1.（1）黄河文化公园中的主要树种有侧柏、松树。（2）填表略。（3）郑州其他地区的树种以杨树、柳树等落叶阔叶林为主。
2. 略（建议寻求黄河文化公园管理者的帮助，结合邙山的自然环境特征进行分析）。
3. 略。

任务3

【活动】

成立植物实验基地，科学驯化树种，推动绿化向美化和彩化转变。

学习评价要点

1. 略（要求：照片清晰，观点明确，图文高度融合）。
2. 略（要求：报告主题明确，论证充分，逻辑性强）。

10 为水而来
——登封缺水问题如何解决

推介语

水是生命之源，人类生活离不开水，区域发展更离不开水。

"山不在高，有仙则名。水不在深，有龙则灵。"嵩山脚下的旅游城市登封市缺少的不是高山，而是孕育万物的水源。当地生活用水相当紧张，乡村居民用水主要依靠山泉，市区居民用水主要依靠降雨汇聚的地表水。少林水库、马庄水库和纸坊水库是登封市区居民的三个大水缸，靠天吃水，每位登封市民都有着深刻体会。

水资源的匮乏严重影响着登封市民的生产和生活，同时也制约了当地的旅游业发展。登封坐拥中岳嵩山和天下第一名刹少林寺，却被缺水问题卡了脖子，无法实现高质量发展。因此，解决登封的缺水问题是当务之急。

学习目标

● 分析登封缺水的原因。
● 实地考察登封的水利设施使用情况，并探究其功能与原理。
● 探索解决登封缺水问题的具体措施。

课程小贴士

🧭 **实践路线**

登封市水利局—少林水库—太子沟—九龙潭—大金店镇南寨村大口井

🌡 **推荐实践季节**

室外观测活动为主，夏、秋季节最佳

⏱ **课程建议时长**

1天

📖 **实践装备**

徒步鞋、运动长裤、遮阳帽、写字板、记录本、手机及指导教师要求的其他必带装备。

⚓ 安全事项

以小组为单位统一行动，禁止下河，一切行动听从指导教师和景区工作人员指挥；不私自做决定，有问题及时报告指导教师。

区域资源—课程标准双向对照表

课程标准中的"内容要求"	核心概念	区域资源	资源类型		
			图文资料	影音资料	实践基地
必修1.7 运用示意图，说明水循环的过程及其地理意义。	水资源 水循环	太子沟塘坝	√		√
选择性必修2.8 以某流域为例，说明流域内部协作开发水资源、保护环境的意义。		太子沟大口井	√		√
		少林水库	√		√
		九龙潭郭庄村引水堰坝	√		
		山中蓄水池	√		√

教学设计流程

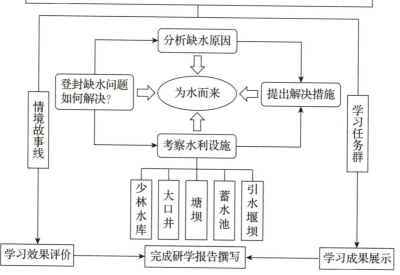

教学实施

· 任务 1 ·

分析登封缺水的原因。

【地点】

登封市水利局。

【活动】

根据水量平衡原理，调查采访，搜集所需数据，分析登封缺水的原因（下表供参考）。

年降水量	年蒸发量	地表水总量	地下水储量	生活需水量	农业需水量	工业需水量	总需水量	供水缺口	水利设施分布
结论									

· 任务 2 ·

实地考察太子沟附近的少林水库、大口井以及塘坝的使用情况，并探究其功能原理。

【地点1】

少林水库。

【情境1】

少林水库位于登封市城关镇郭店村，紧邻少林寺，故名少林水库。少林水库是一座中型水库，建在少林河上，属淮河流域颍河水系。其东为太室山，西为少室山，207国道从旁穿过。少林水库四周风景怡人，绿水青山，是游览的好地方。少林水库碧波荡漾，为什么登封依然缺水呢？

少林水库

【活动1】

参观少林水库，调查并思考下列问题：

1. 修建少林水库的目的是什么？

2. 设计少林水库时，是根据什么计算其最大蓄水量的？

3. 少林水库的选址有何特点？画出少林水库及其周边地形示意图。

4. 少林水库目前运行状况怎样？发挥其预定作用了吗？

【地点2】

登封市大金店镇南寨村大口井。

【情境2】

登封市大金店镇南寨村有一口水井。该水井不同寻常，井口硕大无比，口径为8~10米，深度为7~8米，井口有矮墙环绕，如下图所示。大口井南侧陡崖之下有泉水出露，涓涓细流，清澈见底；北侧有河流流经，水量较少，甚至有干涸迹象。

大口井

【活动2】

考察大口井，并思考下列问题：

1. 画出大口井、泉、河流三者的相对位置示意图。

2. 修建大口井的目的是什么？

3. 大口井最主要的直接补给水源是什么？

4. 与泉水相比，该大口井水质如何？

5. 巨大的井口有何作用？

6. 大口井井壁高出地表，有什么作用？

【地点3】

太子沟塘坝。

【情境3】

进入太子沟，溯源而上，山谷中突然出现一座石墙，该石墙由石料整齐堆砌，横跨山谷，如同水坝，但其后杂草丛生，滴水未见，甚是奇怪。当地农户告知其名为"塘坝"，如下图所示。

塘坝

【活动3】

实地探究,分析修建该塘坝的目的是什么。

<hr>

任务3

实地考察九龙潭路线中的郭庄村引水堰坝和沿途蓄水池,探究其功能与原理。

【地点1】

九龙潭村入口处的蓄水池。

【情境1】

九龙潭村入口处有一个蓄水池,长5米,宽3米,高2米。蓄水池中有水,但较混浊,如下图所示。

蓄水池

【活动1】

探究:蓄水池中的水从何而来? 为何而用?

【地点 2】

九龙潭路线中的郭庄村引水堰坝。

【情境 2】

沿九龙潭山谷溯源而上,见一水坝,名为郭庄村引水堰坝,坝后积水成潭,如下图所示。

引水堰坝

【活动 2】

实地考察郭庄村引水堰坝,探究下列问题:

1. 查阅资料,说说"堰"和"坝"有何异同。

2. 为什么太子沟塘坝干涸,而这里却积水成潭?

3. 如何将潭中的水引到郭庄村?

学习评价

根据实地考察结果,提出解决登封缺水问题的方案和具体措施。

本节教学实施评价要点

● **任务 1** ●

【活动】

略(根据水量平衡原理指导学生制定调查方案,确定所需数据和资料,自行调查,分析数据,得出结论)。

· 任务 2 ·

【活动 1】

1. 修建少林水库的目的是蓄水,以保证登封市居民生活用水。

2. 少林水库最大蓄水量的计算依据是水库汇水面积和年降水量。

3. 少林水库选址于山谷峡口。地形示意图略。

4. 略(可参考水库工作人员讲解)。

【活动 2】

1. 示例如下:

2. 目的:蓄水,为村民提供生活用水。

3. 地下水。

4. 大口井的水质较差。

5. 当地地下水储量小,埋藏浅,大井口可以扩大出水断面,增加出水量。

6. 井壁高出地表可以防止人畜跌落,保障安全。

【活动 3】

当地河流主要依靠降水补给。登封属于温带季风气候区,年降水量 600~700 毫米,夏季降水量约占全年的一半。夏季汛期洪水陡涨陡落,易引起洪涝灾害,甚至诱发滑坡、泥石流等地质灾害;枯水期河流全部断流,人们生产生活受到严重影响。因此,蓄水是修建塘坝的目的之一。

此外,该流域内大部分是砂性和轻壤性土壤,夏季降水强度大时水土流失严重,致使流域内生态环境恶化。为了保水保土、保护沟谷,人们进行了小流域治理,其中一项工程就是修建塘坝,蓄水的同时,也留住了土壤,即塘坝后淤积的土地。

总体而言,修建塘坝的目的主要有二:蓄水和固沟。这与黄土高原治理水土流失措施中的打坝淤地有异曲同工之处,是小流域综合治理的重要组成部分。

(探究过程:观察现象—提出问题—猜测与假设—寻找证据—解释并得出结论。建议教师引导学生自主探究,例如可以溯源而上,寻找地表水;观察土壤剖面与土壤质地,是否易下渗,下层土壤是否潮湿;寻访当地居民,收集证据;查阅当地气候、水文资料等,让学生通过自己的探究得出结论。)

◦ **任务 3** ◦

【活动1】

　　略。

【活动2】

　　1. ①同：外观相似。堰和坝都是人工修建的横跨河流的障碍设施，类似一堵墙拦住河流。②异：一般而言，堰的高度比坝小，而这也决定了二者功能定位上的本质差异。水会在堰的后面积成水潭，积满后会越过其顶部流往下游。因此，堰经常被用于引水进入灌溉圳道（如成都都江堰）、防范洪水、量测流量及增加水深以利于通航。而坝是一种挡水建筑物，阻挡水流通过，抬高水位，形成水库，常用于防洪、蓄水、发电。简而言之，堰是过水的，而坝是挡水的，坝只有在需要时才会开闸放水。

　　2. 郭庄村引水堰坝上游有溪流注入，底部基岩可阻止水分下渗，因而积水成潭；太子沟塘坝溪流干涸，底部为砂质土壤，水分下渗严重，所以干涸。

　　3. 略（建议就地寻找引水管道或寻访当地村民）。

学习评价要点

　　提示：首先，根据水利局调查数据，分析登封的用水结构并估算供水缺口；其次，在开源方面提出具体措施，如改进现有水利设施、跨流域调水等；最后，在节流方面依据登封用水结构采取一系列节水措施。

赵丽霞 张伟利 主编

中原明珠

融入区域资源的
高中地理教学设计丛书

第**3**分册

上海教育出版社
SHANGHAI EDUCATIONAL
PUBLISHING HOUSE

图书在版编目（CIP）数据

融入区域资源的高中地理教学设计丛书. 中原明珠 / 赵
丽霞，张伟利主编. — 上海：上海教育出版社，2022.12
ISBN 978-7-5720-1786-5

Ⅰ.①融… Ⅱ.①赵… ②张… Ⅲ.①中学地理课 – 教学
设计 – 高中Ⅳ.①G633.552

中国版本图书馆CIP数据核字(2022)第233329号

责任编辑　杨宏玲　李宜璇
封面设计　周　吉

融入区域资源的高中地理教学设计丛书
中原明珠
赵丽霞　张伟利　主编

出版发行　上海教育出版社有限公司
官　　网　www.seph.com.cn
地　　址　上海市闵行区号景路159弄C座
邮　　编　201101
印　　刷　上海商务联西印刷有限公司
开　　本　787×1092　1/16　印张 17.75（全3册）
字　　数　366 千字（全3册）
版　　次　2023年1月第1版
印　　次　2023年1月第1次印刷
书　　号　ISBN 978-7-5720-1786-5/G.1629
定　　价　98.00 元（全3册）
审 图 号　GS(2022)5179号

如发现质量问题，读者可向本社调换　电话:021-64373213

本册编委名单

顾　问	姬文广			
主　编	赵丽霞	张伟利		
副主编	杨青华	秦龙洋	董英豪	薄夫宝
编　委	赵丽霞	张伟利	杨青华	秦龙洋	董英豪
	薄夫宝	张红琴	赵　雪	杨梦茹	邹　璇
	王高龙	潘晶杰	徐黎姗	张　莉	付高丛雪
	宋华坤	王祎君	王百舜	时志刚	程金文

目录

中原明珠

1 穿越千年的抉择
——郑州的形成和发展

推介语 　　郑州是一座有着悠久历史的城市。在历史的长河中，它起起伏伏，历经衰落和繁荣，始终难掩其芳华。那么，郑州在形成和发展的过程中有哪些决定其命运的历史事件呢？又是哪些因素影响着郑州的形成和发展呢？让我们穿越时空，一起去探寻其中的奥秘吧！

学习目标

● 查阅郑州市发展历史，说出郑州形成和发展过程中的典型历史事件。
● 结合相关图表，分析地形、土壤、水源、气候、交通、位置、政策等因素对郑州形成和发展的影响。

区域资源——课程标准双向对照表

课程标准中的"内容要求"	核心概念	区域资源	资源类型		
			图文资料	影音资料	实践基地
必修 2.4 运用资料，说明不同地区城镇化的过程和特点，以及城镇化的利弊。	聚落与自然环境的关系	郑州商代遗址	√		√
		郑州二七纪念馆	√		√
		郑东新区 CBD	√		√
必修 2.5 结合实例，说明工业、农业和服务业的区位因素。		商王迁都、京汉铁路选址、郑州被选为国家中心城市等材料	√	√	

教学设计流程

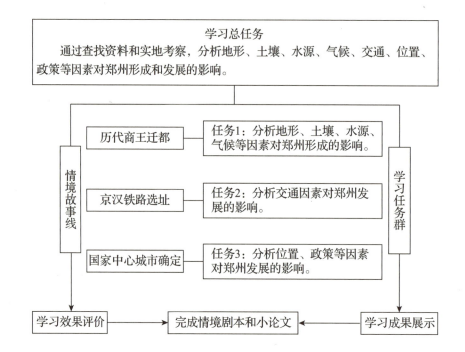

教学实施

任务1

结合图文资料，分析地形、土壤、水源、气候等因素对郑州形成的影响。

【资源】

郑州商代遗址。

【情境】

第一幕：商王迁都

时光穿梭机首先把我们带到公元前，正值商前期，商王仲丁把国都从亳迁到嚣。但是，爱搬家的商朝并没有停止迁都的步伐，之后都城又相继迁往相、邢、庇、奄等地，直到商王盘庚迁都于殷（今河南安阳西北），商朝都城才稳定下来。

【活动】

材料1：冲积扇是河流从山口流出，挟带碎屑物堆积而成的扇形地貌。太行山东麓发育有华北平原冲积扇，这里光热充足、地形平坦、土壤肥沃，自古就是重要的农耕区。古代先人在这里创造出灿烂的文明，商朝历史上的几次迁都大多位于此处。

图 1-1 商朝形势图

1. 分析商朝都城所在地区有利于城市形成和发展的自然条件。
2. 说出影响城市形成和发展的自然因素，并举例说明。

阅读

商朝为何屡次迁都

商朝从汤开始，到纣灭亡，共传十七代三十一王，近六百年。商朝历史上有一个很显著的现象，就是都城屡迁。汤最初建都于亳，其后五迁：仲丁迁都于嚣，河亶甲迁都于相，祖乙迁都于邢、庇，南庚迁都于奄，盘庚迁都于殷，至此商朝都城才稳定下来。

关于商朝前期多次迁都的原因，史学界有几种说法：

1. 贵族在旧都太奢侈，迁都是为了节俭；
2. 洪水泛滥，冲毁旧都；
3. 商是游牧民族，过着居无定所的生活，都城也迁来迁去；
4. 商朝农业落后，土地肥力耗尽，须迁都换耕地；
5. 贵族之间为了争夺王位，长期进行政治斗争。

其中，洪水泛滥和贵族间政治斗争的说法较为合理。

● **任务 2** ●

结合图文资料，分析交通因素对郑州发展的影响。

【资源】

郑州二七纪念馆。

【情境】

第二幕：京汉铁路选址

历史的车轮滚滚向前，跟随时光穿梭机，我们来到 1889 年冬天。当时，洋务运动正在中华大地上如火如荼地进行，两广总督张之洞向清政府奏请修建京汉铁路。很多大臣建议铁路从开封经过，因为开封正好位于北京到汉口的直线上，并且开封是省会。但是，张之洞却力排众议，让京汉铁路向西拐个弯儿，从西面的郑县（今郑州）经过。

【活动】

材料 1：1889 年，张之洞在给慈禧太后的奏折中历数修建京汉铁路的八大好处，力排众议，阐述了京汉铁路从郑县经过的理由："德济一路，黄河岸阔沙松，工费太钜。臣以为宜自京城外之卢沟桥起，经河南达于湖北汉口镇。豫、鄂居天下之腹，中原绾毂，胥出其涂。铁路取道，宜自保定、正定、磁州，历彰、卫、怀等府，北岸在清化镇以南，南岸在荥泽口以上，择黄河上游滩窄岸坚经流不改之处，作桥以渡河，则三晋之辙下于井陉，关陇之骖交于洛口，西北声息刻期可通。自河以南，则由郑、许、信阳驿路以抵汉口，东引淮、吴，南通湘、蜀。语其便利，约有数事。内处腹地，不近海口，无引敌之虑。"①

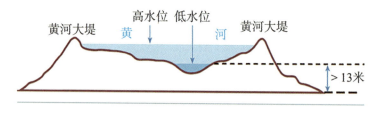

图 1-2　黄河开封段"地上河"示意图

材料 2：1906 年，京汉铁路竣工后，张之洞又有了新的想法。他认为南北方向有铁路，东西方向也该有，于是经过郑县又修了汴洛铁路。至此，京汉铁路和汴洛铁路在郑县交会。一个县城有两条铁路经过，这在当时是非常罕见的，郑县立即成为全国的交通枢纽，商业日渐繁荣。据史料记载："今因郑州火车交通商务日见发达，各处药商均各改而至郑，其余豫南骡马会，宛南汴省之绸丝会，怀庆孟县桑坡孟津之皮货会，亦均随同至郑。据熟于商情者言，将来郑州商埠，当不下汉口云。"②新中国成立以后，国家在郑县设立郑州市。郑州作为全国的交通枢纽，交通优势明显，发展速度一日千里，城市地位不断提升，发展潜力不可估量。为了便于指导全省工作，1954 年，河南省将省会从开封迁往郑州。

---

① 摘自《清史稿》卷一百四十九　志一百二十四.
② 《东方杂志》第 4 年第 11 期.

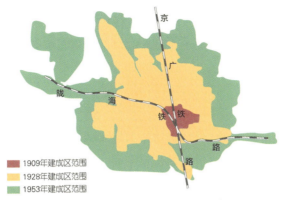

图1-3　1909—1953年郑州市范围变化图

材料3：1923年2月1日，京汉铁路工人在中国共产党的领导下，举行京汉铁路总工会成立大会，遭到军阀吴佩孚的武力阻挠。为抗议军阀暴行，总工会决定举行罢工。2月4日，全路两万多工人举行大罢工，1200千米铁路顿时瘫痪。京汉铁路工人大罢工引起了帝国主义和反动军阀的恐慌。2月7日，在帝国主义支持下，吴佩孚调动军警在京汉铁路沿线血腥镇压罢工工人，制造了震惊中外的二七惨案。新中国成立后，郑州市政府将发生惨案的旧址扩建为二七广场，在广场中央修建了一座63米高的仿古连体双塔——二七纪念塔。

1. 说出二七纪念塔修建的缘由。
2. 说出京汉铁路选址时，张之洞主张弃开封、选郑县的理由。
3. 说出京汉铁路的修建对郑县的发展所产生的主要影响。

阅读

百年汴洛铁路，改变数城命运

清末年间，从开封至洛阳修通了一条铁路——汴洛铁路。这条铁路建成之初，是作为京汉铁路（京广铁路的前身）支线存在的。1899年11月，清朝督办铁路大臣盛宣怀以"预筹干路还款、保全支路"为理由，呈请清政府筹款建造。1905年，汴路铁路以郑县为起点，向东西方向同时开工，1909年正式完工。

汴洛铁路建成后，向东西方向不断延伸，慢慢形成了如今的陇海铁路。这条铁路的建成，改变了河南数个城市的命运，比如，开封因无交通优势而丧失省会地位，郑州则凭借交通优势异军突起。19世纪末20世纪初，郑州作为商埠逐渐兴盛起来。1954年省会搬迁，郑州迎来了数以万计的各行各业人才。随后棉纺厂、油脂化学厂、面粉厂等一批工厂也在郑州相继建成。四面八方的工人来到郑州，郑州人口一度达到14.8万，城区面积达到11.5平方千米。经济很快跃升到全省第一，远超开封。

● 任务 3 ●

请结合图文资料,分析位置、政策等因素对郑州发展的影响。

【资源】

郑东新区 CBD。

【情境】

第三幕:国家中心城市的确定

时光如梭,转眼间,我们跟随时光穿梭机来到 2016 年 12 月,国务院正式发文支持郑州建设国家中心城市。消息一出,众说纷纭,一些落选城市提出质疑,因为从当时的经济数据来看,郑州的经济实力并不算强,但是郑州建设国家中心城市也有自己的优势条件。

【活动】

材料 1:2020 年,郑州成为中国第一个拥有"米字高铁"的城市。以郑州为中心,600 千米范围内,可达北京、武汉、南京、济南、西安等大城市;1500 千米范围内,可达国内 70 % 的城市。2013 年,郑州航空港经济综合实验区成立,定位为内陆地区对外开放重要门户、现代航空都市、中原经济区核心增长极。

材料 2:2013 年 7 月,郑州到德国汉堡的货运铁路班列正式运营,这标志着郑州沟通世界的国际铁路物流大通道由此打开,开启了中国与欧洲的"陆上新丝绸之路"。2017 年 6 月,国家主席习近平在会见卢森堡首相时指出,支持建设郑州—卢森堡"空中丝绸之路"。2025 年全面建成后,将成为连通欧亚、辐射全球的空中经济廊道。

1. 找出一幅河南省政区图,读图并结合以上资料,说出郑州成为国家中心城市的位置优势。

2. 总结影响郑州形成和发展的主要因素。

3. 请你为郑州未来的发展提出合理化建议。

阅读

国家中心城市

"国家中心城市"概念,最早在 2005 年由中华人民共和国原建设部(现住房和城乡建设部)依据《中华人民共和国城市规划法》编制全国城镇体系规划时提出。

《全国城镇体系规划(2006—2020 年)》中指出:国家中心城市是全国城镇体系的核心城市,在我国的金融、管理、文化和交通等方面都发挥着重要的中心和枢纽作用,在推动国际经济发展和文化交流方面也发挥着重要的门户作用。国家中心城市应当具有全国范围的中心性和一定区域的国际性两大基本特征。

2010 年 2 月，住房和城乡建设部发布的《全国城镇体系规划（2010—2020 年）》明确提出五大国家中心城市（北京、天津、上海、广州、重庆）的规划和定位；2016 年至 2018 年，成都、武汉、郑州、西安相继被明确定位为国家中心城市。

学习评价

1. 假如商王、张之洞乘坐时光穿梭机来到郑州，和郑州市市长神奇地相遇了，他们对郑州的形成和发展会有什么感慨呢？请大胆想象，完成小剧本《豫见，遇见》。（要求：包含影响郑州形成和发展的因素。）

2. 以某城市为例，研究影响其形成和发展的因素，查找资料，完成小论文。

本节教学实施评价要点

任务 1

【活动】

1. 黄河中下游地区位于华北冲积平原，地形平坦，土壤肥沃；邻近黄河，水源丰富；考古资料证明，商朝时期，该地的气候比现在还要温暖。

2. 在古代，影响城市形成和发展的自然因素有地形、土壤、水源、气候等，比如中国八大古都大多位于地形平坦、土壤肥沃、水源充足、气候温暖湿润之地。

任务 2

【活动】

1. 二七纪念塔是为了纪念 1923 年京汉铁路大罢工中牺牲的烈士，继承和发扬京汉铁路工人的革命斗争精神而建。

2. 铁路通过黄河要修黄河大桥，黄河开封段河道较宽，土质疏松，修桥花费巨大。而且，黄河在开封段是地上悬河，如果发生水患，可能冲毁铁路。黄河郑州段河道窄且大堤坚固，更适合修建黄河铁路大桥。

3. 京汉铁路修建以后，又修建了汴洛铁路，郑县成为交通枢纽，吸引各种商人在此过境，促进了商业的繁荣；随着人口的增加，城市范围也不断扩大，促使城市升级，郑县发展成郑州市，然后又成了河南省会，发展潜力巨大。

任务 3

【活动】

1.（1）相对位置优势：郑州位于河南省中部，河南位于我国中部，承东启西，望南向北。郑州在我国经济格局中发挥着桥梁和纽带作用。

（2）交通位置优势：材料1说明以郑州为中心的高铁和航空线四通八达，不仅引领中部，而且辐射全国大部分地区。材料2说明在"一带一路"倡议的背景下，郑州处于陆上丝绸之路和空中丝绸之路的双枢纽地位，已经成为连通欧亚、辐射全球的经济走廊。所以，郑州位置优势明显，作为国家中心城市对带动和协调周边地区的经济发展有巨大的意义。

2. 通过本节学习，我们知道了影响郑州形成和发展的要素有：地形、土壤、水源、气候、交通、位置、政策等。除此之外，还有很多影响因素，比如郑州矿产资源比较丰富，已发现各类矿产40余种。

3. 略。

学习评价要点

1. 剧本情节合理，对话符合人物设定，内容包含影响郑州形成和发展的因素。
2. 小论文主题明确，论证充分，逻辑性强。

2 "河"以为家

——郑州的"前世今生"

推介语　　黄河，是中华大地、华夏时空的伟大连接者。悠悠长河，一直都以其滔滔不绝之力，突破阻隔、勾连万物，润育着大地。大河奔流入海，塑造出不同的河流地貌。郑州位于黄河下游冲积平原上。这样的地表形态，为什么能够形成聚落，并发展为重要的区域城市？今天，我们将一起追寻郑州的"前世今生"，探一探河流地貌对聚落分布的影响。

学习目标
- 查看郑州区域地图，分析郑州早期聚落的形成与河流地貌的关系。
- 根据郑州市城区的发展变化，说明河流对郑州的城市形态及空间扩展产生的影响。
- 依据郑州市的发展历史，探讨郑州在未来的城市发展中，体现因地制宜、人地协调的区域发展思想的具体做法。

区域资源—课程标准双向对照表

课程标准中的 "内容要求"	核心概念	区域资源	资源类型		
			图文资料	影音资料	实践基地
选择性必修 1.3 结合实例，解释内力和外力对地表形态变化的影响，并说明人类活动与地表形态的关系。	河流地貌与聚落	郑州市大河村遗址	√		√
选择性必修 2.2 结合实例，从地理环境整体性和区域关联的角度，比较不同区域发展的异同，说明因地制宜对于区域发展的重要意义。	因地制宜进行区域发展	郑州城区规划布局的相关资料	√		

教学设计流程

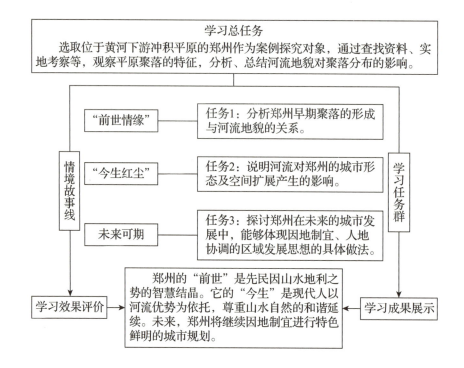

教学实施

········· ◦ **任务 1** ◦ ·········

分析郑州早期聚落的形成与河流地貌的关系。

【资源】

郑州市大河村遗址。

【情境】

聚落是人类从事生产、生活活动而聚居的场所。溯源远古，郑州地处中原，历史悠久，是中国古代文化的摇篮。黄河东出太行山脉，山前冲积扇孕育了古城郑州灿烂的聚落文明。先民在选址安居的时候，趋利避害是首要原则。亲自走访一处黄河流域早期文化遗址——郑州市大河村遗址，验证这个结论。

【活动】

1. 早期聚落的形成与农业耕作紧密相关。查阅郑州的地理位置及黄河下游冲积平原景观图，结合有关材料，说明黄河下游冲积平原能为耕作业提供的有利自然条件。

2. 冲积扇是河流出山口处的扇形堆积地貌，多种气候条件下都可形成。黄河地区冲积扇沉积物自西向东颗粒逐渐减小、沉积物厚度逐渐变小。结合冲积扇的分布位置和特征，推测华北地区古城的主要分布位置，并说明原因。

3. 根据以下材料分析，古代聚落选址主要考虑什么因素？

大河村遗址位于一处土岗之上，四周有坡，一条古河道从岗中间穿过。经过测量，此地的海拔高度为 87 米。这确实是一块好地方：地势高，少受水患，并且地面干燥宜于居住；周围没有高山峻岭，外出活动方便；住地傍河，水源充足；四季分明，气候温和，土地肥沃，宜于耕种。

阅读

冲积平原与华北平原

冲积平原是由河流搬运的碎屑物因流速减缓而逐渐堆积所形成的一种平原地貌，其主要特征为地势平坦，沉积物深厚，面积广大。

冲积平原一般分为三种类型：山前冲积扇平原（山区到平原的过渡带）、河流中下游平原（由河流挟带的泥沙沉积而成，常有数条河流或几个水系流经）以及滨海平原。

我国的华北平原、长江中下游平原都属于冲积平原。其中，华北平原主要由黄河、淮河和海河等大河合力堆积而成，又称黄淮海平原。黄河中游流经黄土高原，每年经黄河下泻的泥沙近 16 亿吨。华北平原在新生代接受了较厚的沉积，形成沉积层厚达数百米至上千米，总面积达 30 余万平方千米的大平原。

华北平原地形平坦，土壤肥沃，有着良好的农业基础，并且靠近河流，水源充足，易于灌溉，适合发展种植业，粮食产量有保证，成为我国重要的耕作农业区。

⋯⋯⋯⋯⋯◦ **任务 2** ◦⋯⋯⋯⋯⋯

说明河流对郑州的城市形态及空间扩展产生的影响。

【资源】

郑州市城区范围变化示意图。

【情境】

随着时间推移，古代聚落逐步发展为规模更大、等级更高的现代城市。山河俯仰间，思绪飘远，郑州的今生红尘给我们带来更多思考。

【活动】

1. 读"郑州市 1986—2016 年城区大致范围变化示意图"，描述近 40 年来郑州市城区的扩展特征。

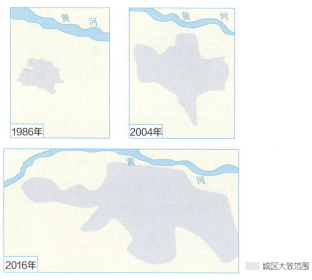

图 2-1　郑州市 1986—2016 年城区大致范围变化示意图

2. 说明郑州市区在地域形态上的特征。

阅读

城市地域形态

　　城市地域形态,指城市地域的轮廓形状,它是城市物质实体在空间上的投影。纵观世界各地的城市地域形态,一般可以分成三大类,即团块状城市、带状城市、组团式城市。

　　(一)团块状城市

　　这是在城市磁心的向心力作用下形成的一种城市地域形态。城市的生产和生活在向心力作用下向市中心地区集中,城市地域呈同心圆状向外延展,城市地域形态呈团块状,一般为单中心城市。团块状城市发展到一定规模会产生一系列弊病。随着城市地域呈同心圆状向外扩展,往往造成工业区和生活区层层包围,这在我国一些大城市工业布局中是一个较为普遍的问题。

　　团块状城市是平原地区一种较常见的城市地域形态,如中国的成都、合肥、郑州,美国的华盛顿、堪萨斯城等。

　　(二)带状城市

　　这主要是在沿交通线发展的轴向力作用下形成的一种城市地域形态,也有的是在受到地形因素的影响或外部吸引力作用下形成的。城市生活和生产活动需要依靠交通条件,城市发展沿交通线(铁路、公路、河道等)向外扩展,最终形成带状城市,如中国的兰州、西宁等。

（三）组团式城市

城市由于受自然条件因素（如用地、河流阻隔等）的影响或在人为因素（如规划）的作用下，建成区以河流、农田或绿地为间隔，形成具有一定独立性的众多团块状城市，称为组团式城市。比如我国重庆市市区，由于受山地地形和河流的制约，形成了有机疏散、成组成团的地域形态。具体来说，市区分解成渝中、江北、南岸、沙坪坝、大渡口、九龙坡等多个组团，它们之间以河流、山岭、冲沟、农田等自然物间隔，各自保持相对的独立性，就近生产生活，成为我国自然形成的组团式城市的典型实例。

任务 3

探讨郑州在未来的城市发展中，能够体现因地制宜、人地协调的区域发展思想的具体做法。

【资源】

郑州市周边地形、水系图。

【情境】

近年来，郑州市区范围快速扩展。如今，这座平原城市的人口已高达千万，城区规模大，功能区集中分布，城市外部形态呈现团块状。但市区向北、向西南扩展的脚步似乎慢了一些。黄河为郑州的诞生助力，也给其城区未来的持续扩展带来束缚。同时，西南的山地也成为郑州市进一步扩展的障碍。

【活动】

在山水阻隔的情形下，为郑州城市的进一步扩展提出可行性措施。

阅读

郑州未来的城市发展规划

2018年1月18日，郑州市印发《郑州建设国家中心城市行动纲要（2017—2035年）》，详细描绘了郑州市的未来发展愿景。

该行动纲要对郑州的六个功能定位进一步加以明确：一是国际综合枢纽；二是国际物流中心；三是国家重要的经济增长中心；四是国家极具活力的创新创业中心；五是国家内陆地区对外开放门户；六是华夏历史文明传承创新中心。

未来，郑州市将按照"东扩、西拓、南延、北联、中优"发展思路，持续优化市域空间布局。

"东扩"。继续推动郑汴一体化，建设双创走廊，有序发展尖端制造业和高新服务业,建成国际化区域金融中心、国际文化创意园、国际交往中心、创新创业高地、行政文化服务区、高等教育园区和现代体育中心。

"西拓"。以规划建设郑上组团为抓手,发挥山水资源优势,打造"郑州西花园",与郑东新区相呼应,实现城市均衡发展,建设高端商务会议中心、高端装备制造基地、高新技术产业基地、新材料基地、通航产业基地、医疗康复中心、创新创业中心,有效支撑郑洛新国家自主创新示范区建设。

"南延"。高标准、高质量、高规格建设郑州航空港经济综合实验区、新郑组团,汇聚高端人才、高端产业、高端要素、高端商务、高端居住,建成国际航空大都市、区域核心增长极,推进许港产业带建设。

"北联"。坚持统一规划、统一政策、统一管控,探索向北"跨黄河"与焦作、新乡毗邻地区联动发展,加强黄河两岸生态保护,建设沿黄生态经济带,加快一体化进程。

"中优"。优化中心城区布局,有序推进功能疏解,降低开发强度和人口密度,提高产业层次,提升城市品位,强化金融商务、总部经济、国际交往、文化创意和都市休闲旅游等功能,建设环境优美、生活方便、交通便捷的现代化中心城区。

学习评价

1. 小组讨论,结合所学知识分析沿河聚落的分布差异。
(1)为什么在河流上游,聚落位置选择在地势较低的地区?
(2)为什么在河流中下游,聚落位置选择在地势稍高的地区?
(3)两河交汇处的聚落为什么更有可能发展成城市聚落?
2. 分别说明兰州、成都城市地域形态的形成原因。

本节教学实施评价要点

任务1

【活动】

1. 地形平坦开阔、土壤肥沃、水源充足等。

2. 古城主要分布在地势较高的冲积扇,因为具有一定坡度,排水便利,还能减少洪水危害。

3. 遗址处的海拔更高,分布于高起的"岗"(高起的土坡)上。为了减少洪水危害,郑州等平原地区的早期聚落大都择高而居,并在低处修堤。

任务 2

【活动】

1. 从 1986—2016 年的郑州城区范围变化，可以明显看出郑州城区在向四周扩展。

2. 郑州城区规模大，呈现团块状。

任务 3

【活动】

郑州市将按照"东扩、西拓、南延、北联、中优"发展思路，持续优化城市空间布局。交通条件的改善打破了河流的束缚，郑州未来的城区扩展方向会向北跨越黄河，向东继续推动郑汴一体化，向西发挥山水资源优势，打造"郑州西花园"，向南打造航空港区的物流产业。

学习评价要点

1.（1）在河流上游，海拔较高，平坦地形少，聚落需要靠近河流分布，地势较低，取水和用水比较方便。

（2）在河流中下游，海拔较低，聚落建在地势较高的地方可避免洪水威胁。

（3）两河交汇处，往往有大量人流、物流在此集聚中转。同时，河流为城市提供充足的水源，且地形平坦开阔，便于农耕和基础设施建设，是城市发育、发展的理想环境。

2. 兰州位于黄河谷地，其城市发展被迫沿河流两岸或谷地东西方向延伸，呈现带状。成都位于成都平原，地形平坦开阔，其城市地域形态呈团块状。

3 两座城市的变迁

——运输方式和交通布局的变化对城市空间形态的影响

推介语

河南省有这样两座城市：

一座，曾经只是小小的县城，如今是河南省的省会，并且入选了国家中心城市；另一座，是历史上曾经辉煌无比的北宋都城，以前是河南省的省会，如今却稍显落寞。同学们猜到是哪两座城市了吗？

没错！这两座城市分别是郑州和开封。

1954年，河南省省会从开封迁往郑州，造成两座城市的发展落差。为何省会要迁郑？是什么让两座城市的命运发生了如此大的变化？今天我们共同来探讨运输方式和交通布局的变化对城市空间形态的影响。

学习目标

- 根据开封市发展历史，说出开封古城兴盛与衰落的原因。
- 根据郑州市发展历史，分析郑州由小山村"郑县"摇身变为新一线省会城市的原因。
- 根据城市发展和目前现状，推测在郑汴一体化背景下，郑州和开封未来的城市形态。

课程小贴士

实践地点

北宋东京城遗址、郑州火车站

推荐实践季节

室外观测活动为主，夏、秋季节最佳

课程建议时长

1天

实践装备

徒步鞋、运动长裤、遮阳帽、写字板、记录本、手机及指导老师要求的其他必带装备。

🔒 **安全事项**

以小组为单位统一行动，一切行动听从教师和景区工作人员指挥；不私自做决定，有问题报告带队老师。

区域资源—课程标准双向对照表

课程标准中的"内容要求"	核心概念	区域资源	资源类型		
			图文资料	影音资料	实践基地
必修 2.6 结合实例，说明运输方式和交通布局与区域发展的关系。	运输方式和交通布局的变化对城市空间形态的影响	清明上河图 北宋漕运相关资料 北宋东京城遗址	√		√
		郑州火车站 郑州城市空间形态 历史卫星图像	√		
		郑汴一体化相关资料	√		

教学设计流程

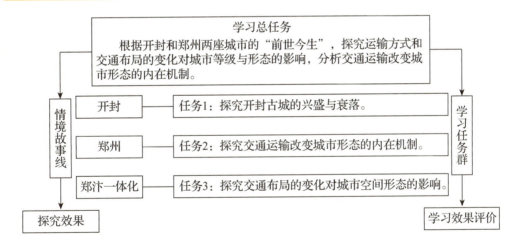

教学实施

· · · · · · **任务 1** · · · · · ·

探究开封古城的兴盛与衰落。

【资源】

清明上河图、北宋漕运相关资料、北宋东京城遗址。

【情境】

北宋画家张择端画了一幅传世名作《清明上河图》，描绘了 12 世纪北宋全盛时期，都城汴梁以及汴河两岸在清明时节的繁华热闹景象。如今，盛景不复，背后是什么力量在主导着王城的兴衰？

【活动】

材料 1：汴河水引自黄河，在大运河中占据着举足轻重的地位，沟通了中原地区和江南，能够将江南地区的粮食源源不断地运往开封。北宋每年冬季都征发汴河沿岸民工，疏浚淤浅的河道。此项工程可谓耗资巨大，动员征召的来自各地的民工，最多时有三十万。清明是冬季清淤之后，朝廷规定的漕运头船进入汴河的日子。

1. "清明"与汴河有何关联？

2. 为何汴河容易淤塞？

材料 2：靖康二年（1127 年），金兵入侵，破开封城，汴河清淤工程被迫停止。

分析开封走向衰落的原因。

---- ● **任务 2** ● ----

探究交通运输改变城市形态的内在机制。

【资源】

郑州火车站、郑州城市空间形态、历史卫星图像。

【情境】

通过查找相关论文、走访有关部门、访问长辈等方式，我们能够了解不同历史时期郑州的城市空间形态。下图中，用不同颜色的画笔勾勒的是不同历史时期的郑州城市空间形态演变，这些色块组合的变迁与交通条件变化有着怎样的微妙联系？

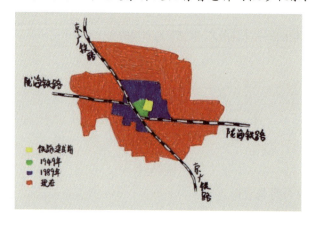

【活动】

探究双 V 字形铁路线的布局对郑州的城市空间形态产生了怎样的影响。

1. 为什么双 V 字形铁路线内侧的发展比较滞后?

2. 交通条件的变化是如何影响城市空间形态的? 把以下关键词按照逻辑顺序排列:

土地的通达性改变、运输方式和交通布局变化、用地类型变化、土地价值变化、功能区改变、城市空间形态变化

--------- **任务 3** ---------

探究交通布局的变化对城市空间形态的影响。

【资源】

郑汴一体化相关资料。

【情境】

几十年前,省会的搬迁让郑州和开封的发展拉开差距,但两座城市共饮黄河水,"打断骨头连着筋",合作发展才能共赢。2006 年,郑开大道建成通车,标志着郑汴一体化建设正式启动。2014 年,郑开城际铁路正式通车,两城的联系更加密切。

【活动】

郑汴一体化:共创美好未来

1. 郑开大道和郑开城际铁路将对郑开两地及中间区域的城市形态产生怎样的影响? 请你们大胆猜想,在交通图中,描绘出郑州和开封之间未来可能的城市形态。

2. 郑州、开封的同学,请你谈谈郑开大道、郑开城际铁路开通以后,你感受到了哪些变化。

学习评价

查找相关资料，了解江苏扬州、湖南株洲城市形态的演变，说明交通运输条件对城市形态的影响。

本节教学实施评价要点

任务1

【活动】

材料1：

1. 清明是冬季清淤之后，北宋朝廷规定的漕运头船进入汴河的日子。

2. 因为汴河是人工运河，河床较浅。水源长期引自黄河，泥沙含量大。

材料2：清淤工程停止，汴河淤塞，漕运功能丧失，物资运输中断，开封走向衰落。

任务2

【活动】

1. 由于铁路阻隔，交通不便，发展长期滞后于其他区域。

2. 运输方式和交通布局变化→土地的通达性改变→土地价值变化→用地类型变化→功能区改变→城市空间形态变化

任务3

【活动】

1. 示例：

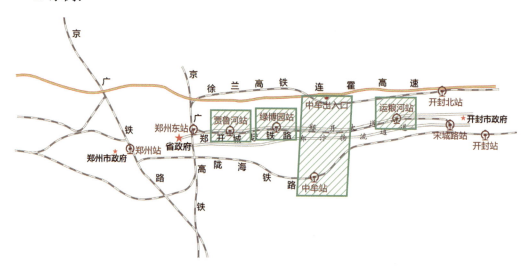

2. 例如：在郑州上学的开封同学周末乘坐城际铁路只要 20 分钟就能到家，以前沿途都是农田，现在沿途有很多工厂和楼盘；郑州同学晚上可以乘坐城际铁路去开封逛夜市，节日的时候可以看灯展。

学习评价要点

略。

4 为美好出行
——郑州宇通客车成长史

推介语

同学们，你是否知道，上学乘坐的公交车、黄色校车，高速公路上疾驰的各种大型客车，机场负责迎来送往的摆渡车，净化城市环境的洒水车，威武的工程车、高速装载机……它们大都有一个共同的名字——郑州宇通！

在郑州，99%的公交车来自宇通；在中国，每4辆大型客车中约有1辆来自宇通，每10辆专业校车中，有6辆来自宇通；在全球，每7辆客车中，有1辆来自宇通。从欧洲到非洲，从中东到拉美，从城市到乡村，中国宇通以高市场占有率，赋予城市蓬勃的生机与活力……

你想知道宇通客车的工业基地在哪里吗？你想知道这些有着中国速度的客车是怎样生产出来的吗？你想体验聪明的智能网联巴士吗？让我们走进宇通，了解宇通，感受宇通，揭开它神秘的面纱吧！

学习目标

● 听取宇通客车公司介绍，了解宇通制造的各种客车车型。

● 参观宇通客车生产车间，认识宇通客车的生产流程。

● 根据观察和思考，列举高新技术在不同方面的使用。

课程小贴士

⊛ **实践地点**

宇通生产基地—宇通科技展厅—宇通生产车间—宇通试车跑道

🌡 **推荐实践季节**

避免恶劣天气

⏱ **课程建议时长**

1天

📦 **实践装备**

防晒霜、遮阳帽、写字板、记录本、手机及指导老师要求的其他必带装备。

🛡 **安全事项**

以小组为单位统一行动，禁止打闹、哄笑，一切行动听从教师和厂区工作人员指挥；不私自做决定，有问题报告带队老师。

区域资源—课程标准双向对照表

课程标准中的"内容要求"	核心概念	区域资源	资源类型		
			图文资料	影音资料	实践基地
必修2.5 结合实例，说明工业、农业和服务业的区位因素。	工业区位因素	宇通工业园概况	√		√
		宇通客车发展历史	√	√	√
		宇通客车生产流程	√		√
		宇通智能化发展策略	√	√	√

教学设计流程

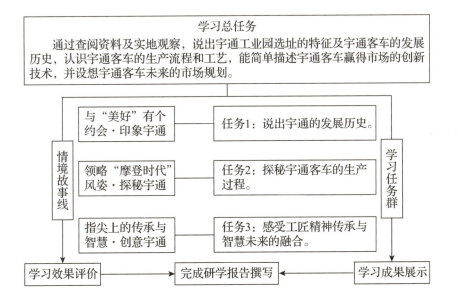

教学实施

•——————————• 任务 1 •——————————•

说出宇通的发展历史。

【地点】

生产基地和科技展厅。

【情境】

前世

1963 年，在原郑州轻工机械厂的基础上，"河南省交通厅郑州客车修配厂"成立，生产了河南省第一辆长途客车。1968 年 10 月，更名为"郑州客车修配厂"，只负责省内客车大修及少量新车生产。1993 年，宇通产销量只有 708 台，在全国排名 20 位左右。这之后，宇通响应国家政策，进行股份制改造，通过产品创新和研发，通过以"宇通红"、卧铺客车为代表的创新产品打开市场，企业经营取得长足进步。1997 年，宇通在上海证交所上市，1998 年建成了亚洲规模最大的生产基地，通过管理创新和企业信息化管理，规模迅速扩大，彻底摆脱产能不足的困局。

今生

宇通前进的步伐从未停止，现在已发展成为集客车产品研发、制造、销售为一体的大型制造业企业。其产品在国内客车市场占有率超过 35%，出口额约占中国大中型客车出口的三分之一，大中型客车连续多年畅销全球，成为世界主流客车供应商，被称为全球客车销量的领跑者。截至 2020 年年底，累计出口各类客车超过 70000 辆，累计销售新能源客车 140000 辆。

【活动】

1. 参观宇通新能源和重工两大生产基地，说出宇通制造的各种客车车型。
2. 走进科技展览厅，聆听宇通发展史，说出宇通的"前世今生"。

•——————————• 任务 2 •——————————•

探秘宇通客车的生产过程。

【资源】

宇通生产车间。

【情境】

特色发展

宇通秉持美好出行的愿景，总是走在行业的研发前沿，用智能化、网联化一次次提升运营细节。

宇通率先推出自主知识产权纯电动客车，年产 3 万辆节能与新能源客车，在全球新能源客车领域独占鳌头；宇通率先推出安节通、安芯等车联网产品，通过车辆内、车与车、车与路、车与人、车与服务平台的全方位连接和数据交互，让没有生命的数据变得聪明起来，让车更安全、更舒适。

宇通率先采用与世界顶级轿车奔驰、宝马等相同的国际先进的客车整车电泳生产线，漆膜附着力优良，避免杂质残留，铸造宇通客车内外全方位优异的防腐品质，整车 8～10 年不发生穿孔、锈烂等结构性腐蚀，质量稳定。车身电泳工艺分为前处理、磷化、电泳、后处理等 4 大步骤、16 道工序，结束了客车行业没有电泳标准的历史。

宇通自主研发的公务客车宇通 T7（谐音"提气"之意），以其优秀的品质，逐步取代外国及合资车型，服务国内外高端盛会及活动，以实力为中国制造站台。

此外，宇通还自主研发了智能环卫机器人和智联网巴士、公交无人场站等，通过网约模式为市民提供主动出行服务……

【活动】

1. 走进宇通客车生产车间，描述汽车生产的基本流程，绘制流程图。

2. 参观不同汽车生产线，说出信息技术对汽车生产带来的影响。

3. 采访车间工作人员，了解宇通客车汽车零部件的来源地及新能源客车的市场需求量，简要分析宇通客车的发展条件及带动的相关民族工业部门。

任务 3

感受工匠精神传承与智慧未来的融合。

【地点】

宇通研学基地。

【情境】

宇通作为行业中的佼佼者获奖无数。2011 年，宇通被世界客车联盟授予全球"年度客车制造商大奖"；2012 年，在世界客车联盟亚洲博览会上获"年度客车制造商大奖""最佳校车制造商奖""最佳校车管理系统奖""最佳校车安全奖"等 4 项大奖；2018 年，宇通荣获"中国工业大奖"；2020 年，宇通位列"中国民营企业 500 强"第 206 位……

面向未来，宇通将持续投入更多的研发资金，布局智能驾驶、燃料电池等，继续探索出行方式的更多可能，在创新中思考，用智慧引领未来，让智能驾驶与车联网迎接 5G 时代，以整体解决方案赋能城市，让公共出行的美好惠及每一个人。

【活动】

1. 运用 putcode 编程课中、高级版操作技能，完成 AI 人工智能编程挑战任务，探究智能网联背后的运行原理。

2. 发挥创新精神和创造能力，自己动手做一辆梦想中的客车，理解并传承"工匠"精神。

学习评价

1. 从畅想信息技术在未来汽车制造中的应用和民族自豪感两方面，把自己在研学中感触最深的部分写出来。

2. 设计一款拥有高科技外形和功能的公交车。

3. 设计一款具有科技感且能体现宇通文化的品牌吉祥物或T恤（图文并茂，用简短文字介绍自己的设计理念）。

本节教学实施评价要点

任务 1

【活动】

1. 宇通产品覆盖房车、高端商务车、医疗车、救护车、冷藏车、检测车、展宣车、客改商务车、教练车、观光车、工程车等11种。

2. 1963年，以原郑州轻工机械厂为基础，"河南省交通厅郑州客车修配厂"成立。1993年，郑州宇通客车股份有限公司成立。经过近60年的发展，宇通已成为集客车产品研发、制造与销售为一体的大型制造业企业。

任务 2

【活动】

1.

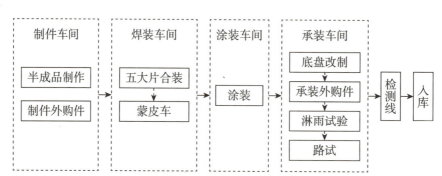

2. 宇通客车的信息化开始于1994年。多年来，宇通始终致力于打造生产信息化、管理信息化、市场营销信息化和售后服务信息化等多平台高效信息化之路，不仅加速了企业内部的信息化建设，而且解决了上下游企业间的协同问题。

3. 科技和创新是宇通发展的根本条件。宇通的发展架起了中国与世界沟通的桥梁，高质量推动了中国和全球交通运输事业的发展。

◦ 任务 3 ◦

【活动】

1. 宇通智能网联技术搭载先进的车载传感器、控制器、执行器等装置，并融合现代通信与网络技术，实现车与车、车与路、车与人等智能信息交换、共享，具备复杂环境感知、智能决策、协同控制等功能，可实现安全、高效、舒适、节能行驶，并最终实现替代人进行操作。

2. 上网查找资料，可观察生活中常见的宇通客车进行设计。

学习评价要点

1. 观点明确，解释合理。
2. 设计科学，理念创新，科技感强。
3. 设计科学，理念创新，科技感强。

5 四通八达 "商都" 郑州

——郑州交通对商业的影响

推介语

"天地之中"的地理位置,让郑州自古以来便是交通枢纽。

从近代中国两条重要铁路在这里交会,到如今的米字形高铁、航空港、地铁,郑州是名副其实的综合枢纽城市。

郑州,古称商都,以"商"为名,开启了中国商业文明,让郑州古今皆与商贸有着不解之缘。从20世纪90年代的"中原商战",到如今建设自贸试验区,打造"中国跨境电商之都",郑州的国际商贸中心地位不断强化。

郑州的古与今,存在着紧密的连接。概括来说,便是一个"中"字和一个"商"字。"中"与"商"相辅相成,"居处天下之中"的地理位置,决定了郑州的交通枢纽地位,孕育了发达的商品贸易;而商贸的繁荣,又赋予了郑州包容、开放的城市性格,让这座城市永葆生机活力。

学习目标

- 根据郑州交通的发展和变化,描述郑州不同时期运输方式和交通布局的特征。
- 通过郑州商业的分布、发展和变化,说明商业布局的区位条件。
- 通过郑州的城市发展历史,分析不同时期运输方式和交通布局的变化对郑州商业的分布、发展和变化的影响。

区域资源—课程标准双向对照表

课程标准中的"内容要求"	核心概念	区域资源	资源类型		
			图文资料	影音资料	实践基地
必修2.6 结合实例,说明运输方式和交通布局与区域发展的关系。	运输方式 交通布局 区域发展	郑州市交通方式的变化(铁路—公路—航空—高铁—地铁)	√	√	
		郑州市交通布局及其变化(交通点、交通线、交通网)	√	√	
		郑州市主要商业(商业网点、商业中心、商圈)分布	√	√	

教学设计流程

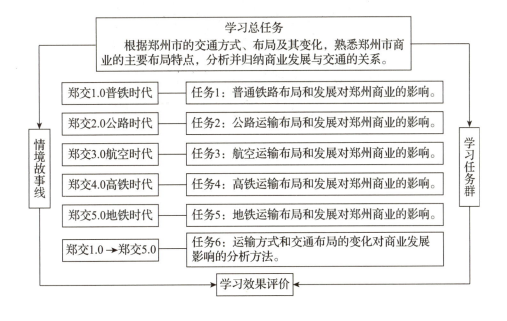

教学实施

●　**任务 1**　●

普通铁路布局和发展对郑州商业的影响。

【资源】

郑州火车站东广场、郑州黄河风景名胜区内——黄河第一铁路桥遗址。

【情境】

郑州被称作"火车拉来的城市",是中国铁路的第一个"十字路口"。在郑州黄河风景名胜区内,有一段 160 米长的铁路桥横卧在黄河南岸,它就是黄河第一铁路桥遗址。

1906 年 4 月 1 日,全长 1214.5 千米的京汉铁路正式举行了全线通车典礼。京汉铁路的全线贯通带动了沿线的发展,也为郑州如今中原核心城市的地位打下基础。

【活动】

1. 推测京汉铁路与陇海铁路在郑州交会后,当时商业活动的主要分布位置,并说明判断依据。

2. 结合图 5-1,推测当时火车站周边的主要商业类型。

图 5-1　2020 年郑州火车站周边商业分布

●　**任务 2**　●

公路运输布局和发展对郑州商业的影响。

【资源】

郑州市二七广场。

图5-2 二七纪念塔

【情境】

　　二七广场周边多条道路交会,人流量大,商业繁华。作为郑州最热闹的商圈,二七商圈不仅聚集了许多郑州本地人,也吸引了许多游客。二七广场地下有德化步行街,地上也有步行街,既可以逛街,又可以吃饭;既有品牌店和网红餐饮店,又有普通的小店,生活非常便利。

【活动】

　　1.结合下图,描述二七广场周边主要商业的布局特点,并分析其原因。

图5-3 二七广场周边主要商业分布

2. 结合图 5-4，概括目前郑州市主要公路交通的布局特点。

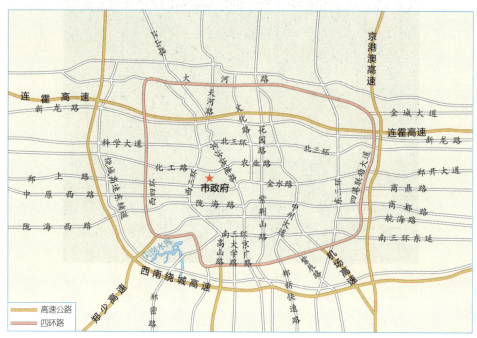

图 5-4　郑州市主要公路交通分布

3. 用地图软件搜索以下郑州主要批发市场的位置，在图 5-4 中进行标注，概括其布局特点，并分析原因。

（1）小商品批发市场

（2）油漆批发市场

（3）秀品阁服装批发市场

（4）郑州国际农产品交易中心

（5）河南郑邦新型管材批发市场

（6）侯寨农副产品批发市场

（7）郑州信基海鲜批发市场

（8）郑州农资批发市场

（9）郑州种子批发市场

（10）新中原陶瓷城

（11）小李庄农贸批发市场

（12）郑州纺织大世界布料批发市场

（13）郑州润滑油轮胎批发市场

4. 用地图软件搜索以下郑州主要大型零售商业网点的位置，概括其布局特点，并分析原因。

第一组：丹尼斯-大卫城、德化步行商业街、万象城、郑州百货大楼、金博大城、丹

尼斯百货(人民路店)

第二组:高新技术产业开发区朗悦公园茂、中原区锦艺城、二七区万达广场、管城回族区富田东方广场和美景龙堂万科广场、郑东新区熙地港和丹尼斯七天地、金水区国贸360广场和正弘城、经济技术开发区盛华里购物中心

5. 结合生活,概括以下小型零售商业网点的布局特点,并分析原因。

便利店、便民超市、小超市、杂货店

6. 在地图软件上分别搜索二七广场、五一公园、市民中心和建设西路二砂村四地附近的服装店分布情况,在相同比例尺下比较四地(从市区到郊区)服装店的分布特征(数量、密度等),并从交通条件的角度分析原因。

> **阅读**
>
> ### 郑州商圈正从"单核心"转变为"多中心"的格局
>
> ◇ 单核心——二七广场商圈
>
> 20世纪80年代末至90年代初,依托陇海-京广铁路,郑州最初的火车站商圈逐渐成型,形成以亚细亚、郑州华联商厦等为代表的二七广场商圈。
>
> ◇ 多中心
>
> 目前,围绕环线、快速路、主干道等,郑州主要商圈有:二七广场商圈、碧沙岗商圈、郑东新区CBD商圈、花园路农业路-紫荆山商圈、大学路商圈等。

任务 3

航空运输布局和发展对郑州商业的影响。

【资源】

郑州新郑综合保税区。

【情境】

1997年8月28日,郑州新郑国际机场建成通航。2016年12月,国务院批复《中原城市群发展规划》,规划指出,"强化郑州对外开放门户功能,提升综合交通枢纽和现代物流中心功能""加快航空港、铁路港、公路港三大物流园区建设,将郑州打造成为国际性枢纽城市""支持郑州等城市建设航空港、国际陆港,加强内陆口岸与沿海、沿边口岸通关合作,开展跨境电子商务服务试点""加强物流枢纽设施建设""适时申请设立口岸进境免税店"。

【活动】

结合上述材料,说明航空运输条件对周边商业类型及其分布的影响,并说明原因。

任务 4

高铁运输布局和发展对郑州商业的影响。

【资源】

郑州东站。

【情境】

郑州东站是中国特大型铁路枢纽站之一，是郑州铁路枢纽的重要组成部分，2012 年 9 月 28 日正式投入运营。郑州东站在中国高速铁路网和中原经济区综合交通网中具有强大集疏功能和重要战略地位，并带动周边地区快速发展。

【活动】

结合图 5-5，说明高铁站对周边商业类型及其分布的影响，并说明原因。

图 5-5 郑州东站西广场周边主要商业分布

任务 5

地铁运输布局和发展对郑州商业的影响。

【资源】

郑州市第二人民医院地铁站。

【情境】

郑州地铁于 2013 年 12 月 28 日开通试运营第一条线路（郑州地铁 1 号线）。截至 2020 年 12 月，郑州地铁运营线路共 7 条，运营线路总长 206.3 千米。随着郑州地铁运营里程的不断增加，地铁覆盖的范围越来越广，越来越多的人享受着便捷福利。同时，地铁也带动沿线商业的快速发展。

【活动】

1. 结合下图或其他地图软件，描述地铁线（站）的分布与城市交通线的关系，并说明原因。

图 5-6 郑州主要地铁线路分布

2. 结合地铁线（站）的分布与城市交通线的关系，简述其对沿线商业的影响，并说明原因。

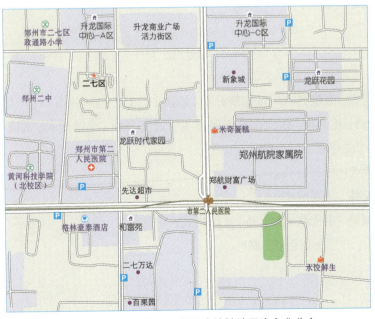

图 5-7 郑州市第二人民医院地铁站周边商业分布

○ **任务 6** ○

运输方式和交通布局的变化对商业发展影响的分析方法。

【活动】

用思维导图的方式,归纳关于运输方式和交通布局的变化对商业发展影响的分析方法。

学习评价

1. 简述郑州市不同时期的主要运输方式和交通布局,并说明不同运输方式和交通布局对郑州商业发展的影响。

2. 目前,郑州是集公路、普通铁路、高铁、航空、地铁等交通方式为一体的综合交通枢纽城市。在综合交通枢纽时代,请阐述郑州的商业又将如何发展变化。

本节教学实施评价要点

○ **任务 1** ○

【活动】

1. 分布位置:火车站周边;判断依据:靠近火车站,交通便利,客货集散量大,客源市场大。

2. 主要商业类型为:批发、零售。

○ **任务 2** ○

【活动】

1. 布局特点:围绕二七广场集聚分布;原因:二七广场地处市中心,且位于人民路、二七路、解放路、正兴街、西大街 5 条城市主干道交会处,交通便利,人流量大,故商业集聚分布,并形成商圈。

2. 布局特点:
① 纵横交错,呈现网状;
② 由快速路、主干路、次干路、支路构成;
③ "环形 + 井字 + 放射状" 路网。

3. 分布如下图：

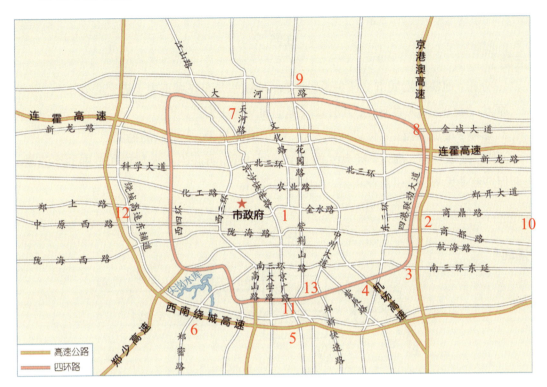

批发商业追求交通最优，布局在市区边缘交通干线沿线或市中心火车站周边；呈现出从市中心向郊区迁移的特点。

4. 第一组零售商业网点布局在市中心，并在市中心形成商圈；因为这样能够实现市场最优化。

第二组零售商业网点布局在交通干线两侧或街角路口；因为交通便利，商业不断集聚，形成新的商圈。

5. 小型零售商业网点布局在交通线两侧或街角路口，数量多，分布分散；因为交通便利，零售点易于看见，能够实现市场最优化。

6. 市区交通比郊区便利，市场更优，因此商业网点较多、较密集。

任务 3

【活动】

依托便捷的航空运输，物流、电子商务类商业在航空港周边集聚，并形成新的商圈。

任务 4

【活动】

高铁站依托便捷的交通运输以及巨大的人流量，吸引商务、办公等商业在其周围集聚，并形成新的商圈。

· **任务 5** ·

【活动】

1. 分布：地铁线沿城市交通主干线分布；地铁站分布在城市主干道交会处；

原因：可获得最大客流量，并有效缓解地面交通压力。

2. 影响：增加客流量；促进商业发展；吸引商业集聚，形成新的商圈。

原因：地铁快捷、高效，极大改善了交通通达度，可获得更大数量和范围的客流量，进而促进商业发展，吸引商业集聚，形成新的商圈。

· **任务 6** ·

【活动】

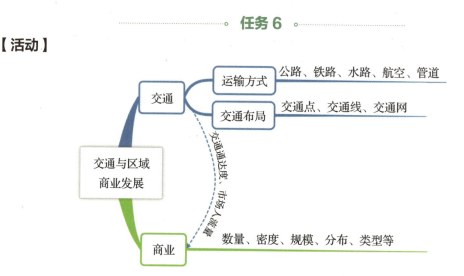

学习评价要点

1. 语言简练，逻辑清晰。能简要概括、准确说出郑州市不同时期的主要运输方式及交通布局，结合实例简要说明其对郑州商业的影响。

2. 结论明确，逻辑清晰，论据充分。

6 城乡产业融合

——新郑好想你红枣小镇

推
介
语

一花一叶皆有情，人间至味最故里。

人世间，最沁人心脾的味道便是故乡的味道，隔着山河，历经波澜岁月，依然温暖。在新郑人的心中，这种温暖的味道里，一定有那红彤彤的大枣。

中华上下五千年，新郑红枣八千载，新郑是大枣的故乡，大枣是新郑的骄傲。

忆往昔，郑国都城，内外街道枣树成行，人们种枣、食枣，可谓"霜天有枣收几斛，剥食可当江南粳"。春风里，改革开放，政府支持。人们用枣，研究枣，规模化和科学化的红枣种植让新郑"中国红枣之乡"之称实至名归。

创新意，产业升级，新郑人变着法子吃枣、加工枣，使枣的品类多元化。方便即食的特点让品牌"好想你"一石激起千层浪。畅今朝，文化聚力，人们深挖大枣内涵，讲枣、绘枣，博物馆、文化节、风情游……红枣为"健康"代言，助力新郑产业融合。

瞧，智慧多元的红枣小镇悄然而至，伴我们触摸历史，感受乡音，倾听家乡振兴的故事……

学习目标

● 听取"好想你"公司介绍，说出新郑大枣的种植现状和枣农的经济收入现状。

● 参观"好想你"生产车间，描述新郑大枣的相关工业链、工业产品及开发现状。

● 通过参观和学习，分析新郑大枣相关文旅项目的开发现状及其对当地经济的有利影响。

课程小贴士

🧭 实践地点

新郑好想你红枣小镇

🕐 推荐实践季节

夏、秋季节最佳

🕰 课程建议时长

半天

📋 实践装备

遮阳帽、写字板、记录本、手机及指导老师要求的其他必带装备。

🖐 安全事项

以小组为单位行动,一切行动听从教师和景区工作人员指挥;不私自做决定,有问题报告带队老师。

区域资源—课程标准双向对照表

课程标准中的"内容要求"	核心概念	区域资源	资源类型		
			图文资料	影音资料	实践基地
必修 2.5 结合实例,说明工业、农业和服务业的区位因素。	工业生产 工业旅游 城镇化	新郑大枣种植	√		√
		新郑大枣加工	√		√
必修 2.4 运用资料,说明不同地区城镇化的过程和特点,以及城镇化的利弊。		红枣特色小镇	√		√

教学设计流程

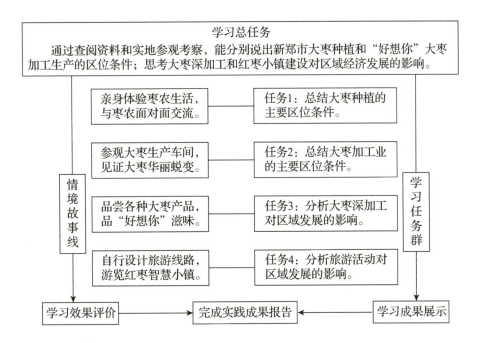

教学实施

········· ● 任务 1 ● ·········

总结大枣种植的主要区位条件。

【地点】

新郑好想你红枣小镇枣林。

【情境】

世界红枣分布状况

中国是红枣的故乡，有着悠久的红枣种植历史，作为世界最大的枣树种植国和唯一枣产品出口国，中国红枣产量占世界总产量的98%～99%，主要分布在新疆、河南、山东、河北、陕西、山西等地，且枣树栽培和产量均以每年10%左右的速度增长。另外1%～2%的红枣主要分布在韩国、日本、伊拉克等地。

【活动】

1. 用智能手机查阅新郑市的地理位置、气候条件、地形、人口、交通等信息，用简短的语言描述新郑市的主要地理环境，包括自然地理环境和社会经济环境。

2. 听取枣园里的枣农讲解大枣的生活习性和田间管理，分析在新郑市种植大枣的主要区位条件。

任务 2

总结大枣加工业的主要区位条件。

【地点】

红枣小镇大枣加工车间。

【情境】

当地三产融合发展现状

乡村振兴的关键是产业兴旺，产业兴旺的关键是"三产融合"。所谓农村发展的三产融合，就是"农业生产""农产品加工业"和"农产品市场服务业"三个产业融合发展。好想你红枣小镇深度挖掘红枣千年文化，集红枣种植、枣文化传播、枣工业产品开发为一体，致力于利用当地特色农产品，构建三大产业融合链条，走出了一条弘扬红枣文化与提高经济效益并行的乡村振兴之路。

小镇将红枣采摘、文化游览、种植体验、农家餐饮等项目融为一体，在提升硬件水平和品牌影响力的同时，成功打造了把文化融入第一产业和旅游业的生态旅游项目，让游客不仅能被美丽的田园风光所吸引，还能深刻感受到独特的红枣文化。

【活动】

参观"好想你"的透明工厂和国内首个冻干车间，观看网红产品"清菲菲"的加工生产过程，以漫画形式记录从大枣原料到枣产品的生产过程以及大枣的相关产品，见证食养理念与黑科技冻干技术融合的魅力，理解"健康"内涵。分析大枣深加工产业的主要区位条件。

任务 3

分析大枣深加工对区域发展的影响。

【地点】

红枣小镇产品展销大厅。

【情境】

新郑大枣生产、加工历史

新郑种枣的历史最早可以追溯到八千多年前的裴李岗文化时期。1978 年，裴李岗文化遗址出土了有八千年历史的碳化枣核，说明当时在新郑一带，先民们已经开始种植大枣了。从古至今，人们种枣、管枣、用枣、研究枣，变着法儿吃枣、讲枣、画枣，枣已经成为新郑人生活中不可缺少的一部分。

【活动】

在展销大厅，品尝各种大枣产品，与工作人员交流。对比各种产品的质量、价格、原材料、加工程序以及产量信息。

1. 根据大枣加工前后价格的变化，说出大枣加工工业的投入产出关系。
2. 分析大枣深加工对区域发展的影响。

········○ **任务 4** ○········

分析旅游活动对区域发展的影响。

【地点】

红枣小镇文化广场。

【情境】

新郑红枣小镇概况

新郑红枣小镇位于河南省新郑市，主要涵盖红枣小镇、红枣博物馆、好想你总部等三大核心景区，总占地面积约八千亩。红枣小镇包含了中华古枣树遗址公园、鲜食枣种植区、家庭农场、共享菜园、枣园纯粮生态养殖场等景点。红枣博物馆于 2019 年 9 月 1 日正式开放，游客在这里可以领略八千年红枣文化，游览世界上最大的枣木雕艺术馆——枣木乾坤，可充分了解枣树花供蜜、果供食、枝干做木料等相关知识。

【活动】

根据红枣小镇平面布局图，或者手机地图软件，规划在红枣小镇的旅行线路，要求尽量覆盖核心景区（比如中华第一枣、中华古枣树遗址公园、鲜食枣种植区、家庭农场、枣园纯粮生态养殖场等），且不走回头路。

1. 画出自己的旅游线路规划图。
2. 分析红枣小镇旅游业的发展对区域发展的影响。

学习评价

1. 精选一些你今天拍的比较有意义的照片，并配文与全体师生分享。
2. 根据以下背景，以"一颗红枣的人生自白"为主题，编撰一个情景剧本，给大家表演。

我是一颗小小的新郑红枣，我的一生光荣而坎坷。我从一枚小小的枣仁，长成"怪树爷爷"，结下了红红的枣子，在科学家叔叔的帮助下，变成各种丰盛的枣产品。在政府的大力支持下，我背后的历史文化也被深度挖掘。看到我的家乡因我而振兴，我骄傲、兴奋……我要把我的故事讲给你们听。

3. 根据考察过程中的所见所思，自定主题，撰写一篇实践报告。

本节教学实施评价要点

任务 1

【活动】

1. 新郑市位于河南省中部、华北平原西缘、郑州市东南部；属于温带季风气候，四季分明、雨热同期，春季多东北风和西北风，夏季多东南风；地形平坦。根据第七次人口普查数据，新郑市常住人口为 117 万。京广铁路、京广高铁、京港澳高速公路、107 国道等交通干线贯穿全境；郑州新郑国际机场位于新郑市东北方，是我国八大区域性枢纽机场之一。

2. 自然条件：位于华北平原，地形平坦，土壤肥沃；属于温带季风气候，夏季雨热同期。社会经济条件：种植大枣历史悠久；人口稠密，劳动力资源丰富；交通便利；河南省是人口大省，市场广阔。

任务 2

【活动】

大枣深加工产业的主要区位条件有：

自然条件：位于城乡接合部，土地资源丰富；靠近黄河和南水北调干渠，水资源丰富。

社会经济条件：人口稠密，劳动力丰富、廉价；靠近高速公路、高铁和航空港区，交通便利；靠近郑州，科技水平高；靠近新郑大枣之乡，原材料丰富；产品远销全国和世界各地，市场广阔。

任务 3

【活动】

1. 大枣经过深加工，虽然数量有所减少，但价格大幅度上涨，成为科技含量和质量都更高的大枣产品，能够获取更高的利润。

2. 促进工业化和城市化进程；带动相关产业的发展，促进农村剩余劳动力的再就业；提升当地居民的收入，增加国家经济收入。

任务 4

【活动】

1. 图略，要求符合地理学的特点，要有地图三要素，有明确的线路，没有歧义。

2. 提升当地旅游业的发展，带动相关产业的发展；提高居民的经济收入和生活品质；促进就业；增加国家和地方税收；促进枣文化产业的传承和发展。

学习评价要点

1. 照片清晰，观点明确，照片与观点关联度高，解释合理。

2. 紧紧以大枣为核心，运用多种拟人手法，文本活泼、积极、具有正能量。

3. 报告主题明确，围绕工业、旅游业等相关主题，论证充分，逻辑性强，图文并茂。

7 从"小县城"到"国际郑"

——郑州百年成长记

推介语

北临黄河，西依嵩山，山河之间，是历史滚滚的尘烟。尘埃落定，郑州如一颗璀璨的明珠，向我们闪亮地讲述着她"前世今生"的故事。她位于邙山余脉，5300年前，她是西山古城，被视为仰韶文化晚期中国城市文明的源头；3600年前，她是商朝都城，杜岭方鼎的发现成功让她挺进"中国八大古都"……随着时代的变迁，郑州的命运也跌宕起伏。

这个名叫郑县的县城在19世纪末20世纪初与铁路相遇，在钢蓝的火焰里逐渐映射出耀眼的光芒。至此，两条铁路交会的十字勋章，挂在了她的胸前，郑州和铁路的不解之缘就这样开始了。

"机器一响，黄金万两"是对当年纺织业繁盛一时的真实写照。6座大型国棉厂、43万纱锭、1.52万台织布机的规模，使她成为闻名遐迩的纺织城，同时也造就了独特的郑州"西城文化"。如今，这座中原纺织城紧扣时代脉搏，引领国际潮流，成为国家中心城市。

郑州在从"小县城"到"国际郑"的转变过程中演绎了一段怎样的故事呢？让我们漫溯历史一百年，一起回望那段波澜壮阔的篇章。

学习目标

● 观察郑州的交通位置图，分析其成为交通枢纽的原因及交通对城市发展的影响。

● 通过郑州的纬度位置和相对位置，分析郑州适宜种植棉花的有利条件。

● 阅读相关图文材料，归纳郑州成为国家中心城市的有利条件。

区域资源—课程标准双向对照表

课程标准中的"内容要求"	核心概念	区域资源	资源类型		
			图文资料	影音资料	实践基地
必修 2.6 结合实例,说明运输方式和交通布局与区域发展的关系。	地理位置	河南省行政区划	√		
		经过郑州的铁路线	√		
		郑州城市规模的变化	√		√
必修 2.5 结合实例,说明工业、农业和服务业的区位因素。		郑州铁路发展历程		√	
		20 世纪 50 年代郑州棉纺织业的兴盛状况	√		√
		郑州适宜棉花生长的自然条件	√		
选择性必修 2.4 以某地区为例,分析地区产业结构变化过程及原因。		郑州—卢森堡"空中丝绸之路"	√		√
		郑州成为国家中心城市的有利条件	√		

教学设计流程

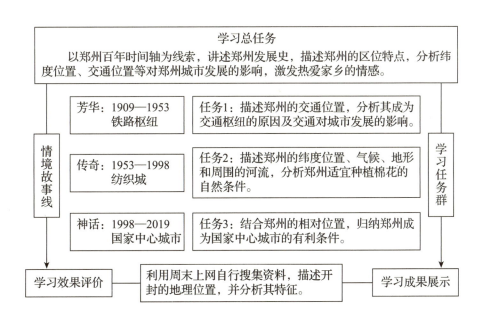

教学实施

◦ **任务 1** ◦

　　阅读"1931—1937 年郑州铁路线分布图"（图 7-1）及河南省行政区划图，描述郑州的交通位置，分析其成为交通枢纽的原因及交通对城市发展的影响。

【资源】

　　郑州市金水区东风渠滨河公园内的铁路雕塑。

【情境】

　　一个"怪物"尖叫着，沿着铁轨奔驰而来，头顶上一溜烟雾喷向天空，响声震耳欲聋，大地不住地颤动，郑县站台上，留着辫子的男人和裹着小脚的女人惊愕地张大了嘴巴。

　　上面这段文字是 1904 年火车开进郑县时的一段真实写照，当时的铁路线为何要从名不见经传的小郑县穿过呢？这要从它的地理位置开始说起。

【活动】

　　1. 读河南省行政区划图，说出与郑州相邻的地级市。

　　2. 读"1931—1937 年郑州铁路线分布图"（图 7-1），说出京（平）汉铁路、洛汴（陇海）铁路的起点和终点分别是哪里，以及这两条铁路和现在的哪两条铁路线（部分）大致重合。

图 7-1　1931—1937 年郑州铁路线分布图

　　3. 阅读下图，解释郑州城市规模的变化及原因。

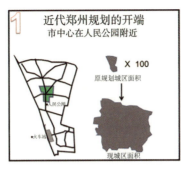
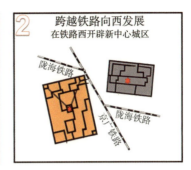
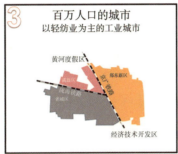

图 7-2 郑州城市规模变化发展示意图

阅读

郑县铁路发展史

史载,郑县火车站通车时,市民"纷涌而至,争睹燃汽之火车,皆惊叹,谓之庞然大物也"。随后,以火车站为中心,周边相继兴建了大同路、德化街、苑陵街等街道,火车站周边区域成了当时郑县最繁华的地方。《郑县志》记载:"郑州为古东里,自铁路开通后,粉华靡丽,不亚金陵六朝。"

1913 年 1 月,连接中国东部沿海地区和西部地区的陇海铁路开通,与京汉铁路交会于郑州,造就了郑州中国铁路枢纽的地位。因京汉、陇海两条铁路客货运输的快速发展,作为中枢站的郑州,逐渐成为商贾云集的中原商都。当时,很多实业家到郑州投资。据载,1919 年,祖籍上海的"海归"穆藕初来到郑州,看到这里"地当中枢……且其地介于京汉、陇海两路线之间,东西南北四路畅运,交通便利,销场甚广"[1],于是筹资创办了豫丰纱厂,由此拉开了郑州纺织业发展的序幕。

· · · · · · · · · · ○ **任务 2** ○ · · · · · · · · · ·

描述郑州的纬度位置、气候、地形和周围的河流,分析郑州适宜种植棉花的自然条件。

---

[1]《藕初五十自述》,商务印书馆 1926 年版,第 66~67 页。

【资源】

郑州市国棉三厂、特色历史文化街（郑州市建设路与文化宫路交叉口西北角）。

【情境】

郑州从民国起便是重要的棉花集散地，原料供应充足，再加上充足的劳动力和中原地区广袤的销售市场，郑州被确定为中国六大纺织工业基地之一。1953—1958年，国家以一年一个厂的惊人速度，一口气在郑州建成了五家大型棉纺织厂，纺织工业区面积比当时的郑州旧城区面积还大。

敞亮的厂房、巨大的机器以及优越的生产、生活环境，在当时的郑州很有吸引力。当年，听说郑州棉纺厂招工，许多人都争相报名。只要能进厂，哪怕当清洁工都愿意。当时的郑州号称拥有十万"纺织大军"。厂子好，吃得好，工资也高，纺织厂的姑娘们被郑州市民亲切地称为"纱妞"。

【活动】

郑州的自然条件是否适宜棉花生长？请结合棉花的生长习性进行分析。

阅读

棉花的生长习性

棉花喜温，喜光，耐旱，对水分也有一定需求，所以气候干燥但灌溉水源充足的地区最适宜种植棉花。

棉花根深棵壮，适宜在地形平坦、土壤疏松深厚的地区种植。

任务3

结合郑州的相对位置，归纳郑州成为国家中心城市的有利条件。

【资源】

郑州航空港经济综合实验区（机场立交与迎宾大道交叉口以东）。

【情境】

郑州，位于中国大陆中心；卢森堡，地处欧洲中心，二者的区位优势有异曲同工之处。作为世界上最富有的国家，卢森堡的人均GDP（国内生产总值）连续多年位居世界第一。一头是活跃的东亚经济圈，一头是发达的欧洲经济圈，"空中丝绸之路"的出现让"一带一路"倡议覆盖的维度更广，不仅连接大陆、沟通海洋，还在浩瀚的天空中架起合作的桥梁。郑州不但在河南、在中国，甚至将在世界扮演举足轻重的角色，郑州从此走向世界。

【活动】

根据以下资料，以小组为单位，综合分析郑州成为国家中心城市的有利条件。

材料1：郑州的区位优势得天独厚，普通铁路与高铁形成双十字，以此为原点，1小时覆盖全省省辖市，2小时连通周边省会城市及京津冀，4至6小时通达长三角、粤港澳、成渝等全国主要经济区。这种优势让人吃惊，更令人羡慕。作为八大古都之一的郑州，地处中州腹地，"雄峙中枢，控御险要"。郑州最大的优势在于区位，她是交通要道，也是天然的产品汇集和扩散中心。

材料2：郑州已形成由2座航站楼、2条跑道、162条航线，6个火车站、2条铁路干线、6条高铁线，21条轨道交通、11条高速公路，72条BRT（快速公交系统）组成的超级"综合交通枢纽"。

材料3：在北京、天津、上海、广州、重庆五个中心城市的基础上，2016—2018年，国家又先后批准建设成都、武汉、郑州、西安四个国家中心城市。2018年11月，中共中央、国务院发布的《关于建立更加有效的区域协调发展新机制的意见》明确指出，以郑州为中心，引领中原城市群发展。

材料4：人口及人力资源是经济社会发展的第一构成要素。近几年，郑州借助建设国家中心城市的契机，吸引了大量人才流入。"智汇郑州"政策的推出，更是吸引了大量顶尖人才、领军人才。截至2018年12月底，郑州常住人口突破千万，正式跨入超大城市行列。

材料5：2020年上半年，郑州市地区生产总值约5460亿元，位居全省第一位。相比上年同期增长352.73亿元，增长速度为6.91%。

2020年上半年河南省18地市地区生产总值排行

2020年上半年河南省18地市地区生产总值排行（前五名）		
地区	地区生产总值（亿元）	位次
郑州市	5459.60	1
洛阳市	2369.99	2
南阳市	1816.20	3
许昌市	1610.41	4
周口市	1529.55	5

——来源：经济跟踪者

学习评价

开封，简称"汴"，古称汴州、汴梁、汴京，是国务院批复确定的中原城市群核心发展区之一。开封地处华中地区、河南东部、中原腹地、黄河之滨，西与郑州毗邻，素有"八朝古都"之称，孕育了上承汉唐、下启明清、影响深远的"宋文化"。

请自行查找材料，描述开封的地理位置，并分析其特征。

本节教学实施评价要点

任务1

【活动】

1. 东部：开封；西部：洛阳；南部：平顶山、许昌；北部：新乡、焦作。
2. 北京、武汉；洛阳、开封；京广铁路、陇海—兰新铁路。
3. 交通的发展会带动城市的发展，进而促进城市规模不断扩大。

任务2

【活动】

纬度位置——地处暖温带地区，光照充足；

地形——以平原为主，地势平坦；

气候——属于温带季风气候，夏季降水多，冬春降水少；

周围河流——靠近黄河，土壤肥沃，灌溉便利。

任务3

【活动】

中州腹地，区位优势；

综合枢纽，交通便利；

国家扶持，政策支持；

劳动力充足，人才众多；

省会城市，经济发达。

学习评价要点

略。

8 "郑"通人和
——以郑州交通发展的影响为例

推介语

你是否会在某一瞬间发觉，祖国的强大和便利的生活已经远远超出你的想象？70多年来，我们的生活在消费方式、出行方式等各方面都发生了巨大的变化。

郑州，曾被称为"火车拉来的城市"，和祖国一起腾飞，由"小郑县"一路成长为今天的"国际郑"，可见交通对郑州经济的发展有着特殊的意义。

郑州的交通在密度和速度上有怎样的变化？交通发展有何作用？便利的交通如何改变人们的生活？

今天我们就来一同讲述"郑"通人和的故事……

学习目标

● 观察郑州的地理位置。说出郑州交通线路密度的变化、郑州交通工具速度的变化。

● 根据郑州的发展历史，分析郑州交通的发展对生产、生活的主要影响。

课程小贴士

实践地点
郑州二七纪念馆

推荐实践季节
室内活动，四季皆可，团体活动建议提前预约。

课程建议时长
3小时

实践装备
运动鞋、运动衣裤、记录本、手机及指导老师要求的其他必带装备。

⚠ **安全事项**

　　以小组为单位统一行动，行进过程中需排队，一切行动听从教师和景区工作人员指挥；不私自做决定，有问题报告带队老师；参观过程中脚步慢、说话轻。

区域资源—课程标准双向对照表

课程标准中的"内容要求"	核心概念	区域资源	资源类型		
			图文资料	影音资料	实践基地
必修 2.6　结合实例，说明运输方式和交通布局与区域发展的关系。	交通布局区域发展	郑州宣传片		√	
		郑州、河南政区图	√		
		河南不同时期铁路分布图	√		
		郑州至开封位置图	√		
		《豫见新世界》片段		√	
		郑欧班列路线图	√		

教学设计流程

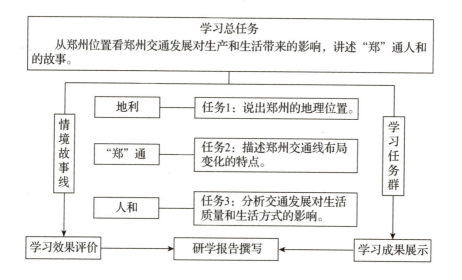

教学实施

···········○ 任务1 ○···········

说出郑州的地理位置。

【资源】

郑州二七纪念馆(钱塘路82号)。

【情境】

这个故事要从百年前说起。当时的郑州还是一个小小的县城,但是随着卢汉铁路、汴洛铁路的相继建成通车,我国铁路史上的第一个"黄金十字"在这里产生。这都得益于郑州优越的地理位置。如果用一个字描述郑州的位置,你会用什么字呢?

【活动】

读"郑州在中国"位置图、"郑州在河南"位置图(图略),用一个字概括郑州地理位置的特点。

···········○ 任务2 ○···········

描述郑州交通线布局变化的特点。

【资源】

郑州不同时期的铁路线分布图。

【情境】

位居"天地之中"的郑州,在蒸汽机车的汽笛声中苏醒,交通为郑州的发展奠定了坚实的基础。近年来,郑州的铁路交通发展尤为迅速。

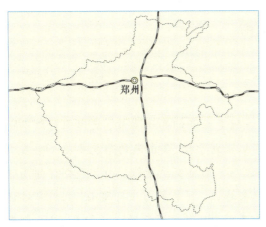 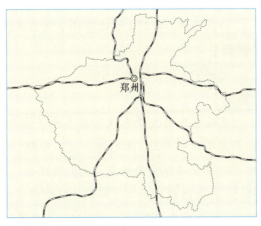

图8-1 1950年和2020年河南省主要铁路网分布

【活动】

1. 对比1950年和2020年河南省主要铁路网分布,描述经过郑州的铁路线的密度有什么变化。

2. 结合生活实际，说出交通变化对出行产生的主要影响。

3. 为了更直观地感受郑州铁路运输的便利，请在郑州火车站开展社会调查，3 人为一小组，随机采访 3—5 人，完成调查任务单。

调查任务单

① 您来自哪里?

_____

② 您为什么来郑州?

_____

③ 选择通过铁路到郑州，从速度和便捷程度来讲，您有怎样的感受?

_____

4. 结合材料分析"村村通"惠民政策带来的主要影响。

2018 年 4 月，郑州市印发《郑州市人民政府关于加快农村公路建设 2018—2020 年三年行动计划的实施意见》(郑政〔2018〕27 号)。明确 2018—2020 年期间，郑州市本级安排不少于 400 公里农村公路建设计划，参照省补助标准进行资金补助：县乡道二级 120 万元 / 公里，县乡道三级 90 万元 / 公里；贫困村村道路面宽度达到 4.5 米的补助标准为 35 万元 / 公里，路面宽度为 3—4.5 米的补助标准为 25 万元 / 公里；非贫困村通行政村道四级补助标准为 30 万元 / 公里，并制定了科学编报计划、简化审批程序、明确职责分工、加强资金管理、严格建设管理等保障措施。

任务 3

分析交通发展对生活质量和生活方式的影响。

【资源】

郑州中大门保税物流中心。

【情境】

交通密度的发展惠及了城乡的千家万户。随着经济的高速发展，交通出行效率也逐步提高。一小时，你能走多远？曾经，老师从家到学校，7 千米的路就要花一个多小时。随着交通方式的改变，我们的腿也"变长"了，由公交到地铁，由普通公路到高速公路，由普通铁路到高速铁路，我们能走得越来越远，到老君山旅行爬山，到新乡培训学习，到北京参观国博……是交通的发展满足了我们日益多样化的出行需求，让我们离心中向往的美好生活更近了一步。如今，郑州速度每天都在上演，我们都是这个故事的主角。

【活动】

材料1：孟老师的家在距郑州70多千米外的开封，工作在郑州，周末和没有晚自习的时候都会回到开封。

不同交通方式成本和用时对比

交通方式	高速铁路	城际铁路	城际公交	自驾
最短用时	30分钟	20分钟	75分钟	1小时
最低费用	18.5元	18元	7元	30元

1. 孟老师的生活方式和传统的生活方式有何不同？

2. 说出实现这种生活方式需要的条件。

材料2：北美车厘子经过32小时的航空运输到达郑州新郑国际机场，经过海关和检疫部门的检查后，被送到距离机场仅十分钟车程的华中冷鲜港，从这里再分拨到全国各地。在中大门保税物流中心，来自世界各地的各种进口商品摆在货架上供大家挑选，除了车厘子，还有澳洲的橙子、加拿大的蓝莓、白俄罗斯的牛肉、意大利的肉酱……除了航空运输，还有相当一部分商品是通过郑欧班列来到我们身边的。郑欧班列开行一个班次只需不到15天，而传统海运需要三十多天。

3. 结合图文材料分别说出进口车厘子到达郑州和其他城市的运输方式。

4. 为什么进口车厘子先到达郑州，再分拨到全国各地？

5. 结合材料说出郑欧班列与传统海运相比有哪些优点，并分析交通运输的变化对人们的生活带来的影响。

阅读

《越来越好——"郑"通人和版》

火车来了，高铁快了，交通越来越好

公路多了，村村通了，日子越来越好

商品精了，产地远了，生活越来越好

速率高了，城市近了，大家越来越好

越来越好……

新丝绸之路，亚欧之间跑

生活变化大，质量变更高

越来越好……

郑州的发展让生活更美好

——改编自宋祖英演唱歌曲《越来越好》

学习评价

"郑"通人和的故事就讲到这里，但国泰民安、蓬勃发展的区域还有很多。请同学们选择一个区域，通过查阅资料，举例说明运输方式和交通布局对区域发展带来的影响，讲述更多发展的故事。

（建议：长三角的故事、粤港澳大湾区的故事、雄安新区的故事等）

本节教学实施评价要点

● 任务 1 ●

【活动】

用一个字描述郑州的位置：中。

● 任务 2 ●

【活动】

1. 铁路由疏到密，形状由十字形到米字形。

2. 越来越密集的铁路网把郑州和更多的城市连接起来，使郑州成为名副其实的中国铁路心脏，在郑州，去哪儿都很便利。

3. 通过调查，同学们可以直观地感受到，郑州稠密的铁路网不仅有利于郑州人民的出行，而且承东启西连南贯北，也给全国各地的人们带来了便利。调查结果可用多种形式呈现。

4. 除了铁路，郑州的公路也已经覆盖城乡的各个角落。伴随着"村村通"政策的实施，公路修到了千万农户的家门口，村民们实现了出门见路，抬脚上车，这不仅方便了农产品的运输，也方便了人们出行，极大地提高了村民们的生活质量和生活水平。

● 任务 3 ●

【活动】

1. 经济和交通工具的发展使通勤效率有了提升，让郑州、开封之间的同城生活得以实现。

2. 经济的发展和交通的发展。

3. 车厘子通过航空运输到达郑州，再通过公路或铁路运输到达各个城市。

4. 郑州处于中国地理位置的正中心，以郑州为中心、以一千千米为半径画一个圆，中国大多数城市都在其中，加上郑州发达的交通运输，先到达郑州再进行物流分拨，速度更快。

5. 郑欧班列与传统海运相比，运输时间缩短了将近一半，生活质量和生活水平都大大提高。

学习评价要点

1. 材料充分，思路清晰，解释合理。
2. 实效性强，有案例更好，图片、文章、视频均可作为材料。

9 城北水韵美

——郑州北龙湖湿地

推介语

翠柳依依，芳草连天水灵碧；

白云悠悠，清风拂面吹凉意。

菖蒲荷花，亭亭净植如美人玉立；

粉黛乱子，纤纤连绵似柔波软锦。

此佳处，便为郑州北龙湖湿地，是城中之"海"，令人流连忘返。

在缺水的郑州，为何能有面积如此之大的水域呢？今天就让我们走进北龙湖湿地，探寻这美景背后的秘密吧！

图 9-1 北龙湖湿地

学习目标

● 观察北龙湖地理位置图，说出北龙湖湿地的选址原因。

● 绘制北龙湖水系图，说明北龙湖湿地与城市防洪体系之间的关系。

● 利用整体性原理，说明北龙湖湿地对地理环境产生的主要影响。

区域资源—课程标准双向对照表

课程标准中的"内容要求"	核心概念	区域资源	资源类型		
			图文资料	影音资料	实践基地
必修 1.7 运用示意图，说明水循环的过程及其地理意义。	水体相互补给 水循环 各类陆地水体之间的相互关系 植被 植被与自然环境的关系	黄河、北龙湖湿地公园	√		√
		黄河、泵站、沉沙池、北龙湖	√		√
必修 1.10 通过野外观察或运用视频、图像，识别主要植被，说明其与自然环境的关系。		北龙湖湿地体验区	√		√

（续表）

课程标准中的"内容要求"	核心概念	区域资源	资源类型		
			图文资料	影音资料	实践基地
选择性必修 1.6 绘制示意图，解释各类陆地水体之间的相互关系。		黄河、泵站、沉沙池、北龙湖	√		√

教学设计流程

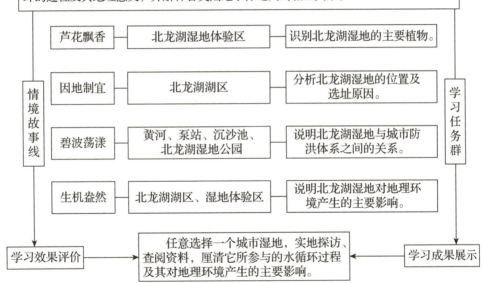

学习总任务

　　通过实地考察、查阅资料，领略北龙湖湿地的植物美、水景美和环境美，说明水生植物的特征及其环境适应性，分析北龙湖水位的季节变化原因，绘制示意图，说明北龙湖湿地与城市防洪体系之间的关系，以及对地理环境产生的影响，进而理解水循环的过程及其地理意义，并解释各类陆地水体之间的相互关系。

情境故事线

| 芦花飘香 —— 北龙湖湿地体验区 —— 识别北龙湖湿地的主要植物。 |
| 因地制宜 —— 北龙湖湖区 —— 分析北龙湖湿地的位置及选址原因。 |
| 碧波荡漾 —— 黄河、泵站、沉沙池、北龙湖湿地公园 —— 说明北龙湖湿地与城市防洪体系之间的关系。 |
| 生机盎然 —— 北龙湖湖区、湿地体验区 —— 说明北龙湖湿地对地理环境产生的主要影响。 |

学习任务群

学习效果评价 → 任意选择一个城市湿地，实地探访、查阅资料，厘清它所参与的水循环过程及其对地理环境产生的主要影响。 ← 学习成果展示

教学实施

　任务 1

识别北龙湖湿地的主要植物。

【资源】

北龙湖湿地体验区。

【情境】

芦花飘香

这里有《诗经》中吟唱的美丽植物："彼泽之陂，有蒲与荷""蒹葭苍苍，白露为

霜""参差荇菜，左右流之"。这里有宽广辽阔的湖面，碧波荡漾，云影徘徊，天蓝水绿，相映成趣。这就是北龙湖湿地公园，郑州近两年最热门的网红打卡地之一。

【活动】

来到北龙湖，首先映入眼帘的就是这满目的绿（见图 9-1），柳树、芦苇、荷花……查阅资料、实地探访，识别北龙湖湿地中的主要植物。

1. 说出北龙湖湿地中的主要植物，说明他们所属的种类（陆生植物或水生植物）。

2. 结合植物特征和习性，说明此地植被与自然环境之间的关系。

阅读

常见的水生植物

能够在水中生长的植物，称为水生植物。因水中光线弱，氧气少，为适应这种弱光、缺氧的环境条件，大部分水生植物的叶片比较大，水中的叶片常为带状或丝状，这有利于增加对光照、氧气和无机盐类的吸收。水生植物还大多具有很发达的通气组织，比如莲的叶柄和藕中有很多孔眼，它们彼此相连、贯穿，形成了输送气体的通道，能适应缺乏氧气的污泥环境，同时还能增加浮力，维持平衡。

水生植物一般分为挺水植物、浮叶植物、沉水植物、漂浮植物以及湿生植物五大类。水生植物的恢复与重建在淡水生态系统的水体净化中具有重要作用，是水生态修复的主要措施。

任务 2

分析北龙湖湿地的位置及选址原因。

【资源】

北龙湖湖区。

【情境】

因地制宜

北龙湖面积达到 5.6 平方千米，平均水深 4 米，最大水深 7 米，最宽处有数百米，蓄水量达 2200 万立方米。虽然其面积略小于杭州西湖，但蓄水量是西湖的两倍。或许有人会问，为什么要在缺水的郑州修建面积如此之大的人工湖？这样做会不会既破坏耕地资源，又造成水资源浪费呢？殊不知，这样的设计正是规划师因地制宜，充分利用当地自然条件的结果。

【活动】

北龙湖湿地所在区域地势低洼，常年积水，遍地沼泽，早期存在大量的鱼塘。这里地下水水位高，下挖一米即能见水。结合湖泊水与地下水相互补给示意图（图 9-2），解释规划师选择在此修建人工湖的原因。

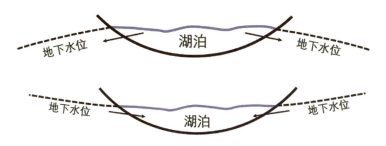

图 9-2 湖泊水与地下水相互补给示意图

1. 在地图软件中找到北龙湖湿地的位置。
2. 结合图 9-2，解释湖泊水与地下水之间的相互补给关系。
3. 分析规划师在此开挖人工湖、修建人工湿地的原因。

阅读

北龙湖湿地选址区域概况

1. 地形地貌

北龙湖湖区位于黄河南岸，地势大体上呈西南高、东北低，地形平坦开阔。北龙湖建设前，本区域分布着大量人工开挖的鱼塘，相连成片。除鱼塘之外，本区域还分布着许多用于灌溉或排涝的沟渠。

2. 浅层地下水埋藏情况及补给类型

浅层地下水是由降雨入渗、灌溉入渗、山前侧渗、河道侧渗等多种补给而形成的一种具有可恢复性的资源。在北龙湖建设前的天然状况下，此区域的浅层地下水补给以大气降水入渗为主；除此之外，还有灌溉入渗、鱼塘渗漏补给、河流的季节性补给以及微弱的南部侧向径流补给。此区域浅层地下水的排泄以蒸发和人工开采为主，这里地下水埋藏浅，蒸发强烈。鱼塘区、稻田区的浅井密度大，人工开采量较大，且具有季节性。

· · · 任务 3 · · ·

说明北龙湖湿地与城市防洪体系之间的关系。

【资源】

黄河、泵站、沉沙池、北龙湖湿地公园。

【情境】

碧波荡漾

北龙湖湖区水域的面积相当于一座中型水库。站在湖边，欣赏阳光下波光粼粼的广阔湖面，我们不禁再次发出疑问：北龙湖的水量会不会随着季节而发生变化？这种变化对于城市防洪来说又有着怎样的意义？

【活动】

1. 图9-3为郑州北龙湖不同季节水位示意图。以岸边护堤石头为参照物，北龙湖夏季水位低，冬季水位高，从调节河流径流量的角度解释原因。

图9-3   郑州北龙湖不同季节水位示意图

图9-4   郑州市局部生态水系示意图

2. 在郑州市局部生态水系示意图上找到黄河，花园口泵站，一、二、三号沉沙池，东风干渠，魏河，北龙湖等地。绘制黄河引水北龙湖流程示意图。

3. 解释泵站和沉沙池在引水过程中的作用。

> ### 阅读
>
> #### 北龙湖调蓄工程
>
> 郑州市的城市防洪排涝标准普遍比较低，市域内的东风渠、金水河、熊耳河的防洪标准均低于二十年一遇，再加上河道淤积严重，堤防残缺不全，违章建筑和阻

水工程多,给郑州带来了很大的防洪压力。而位于郑州城市防洪体系中下游的北龙湖蓄水量大,具有一定的调蓄能力,将其纳入郑州城市防洪体系,可以减小郑州城市防洪压力,提高郑州城市防洪标准。

北龙湖调蓄工程可以美化环境、净化水质、调节径流、抵御洪水,同时具备生态水利、景观水利、旅游、休闲、城市防洪、水资源、灌溉综合利用等多种功能。北龙湖调蓄工程的规划建设既能够调节区域性水平衡和小气候,还能够提高北龙湖周边规划地区的整体环境质量,具有突出的社会经济价值和环境生态价值。

任务 4

说明北龙湖湿地对地理环境产生的主要影响。

【资源】

北龙湖湿地。

【情境】

生机盎然

有了水,一切就有了生机。近年来,北龙湖湿地的水域面积有所增加,生态环境的改善吸引了珍贵的疣鼻天鹅落户郑州,除此之外,这里还拥有白骨顶鸡、白鹭、水鸭、夜鹭、鸳鸯等20多种野生禽类。

【活动】

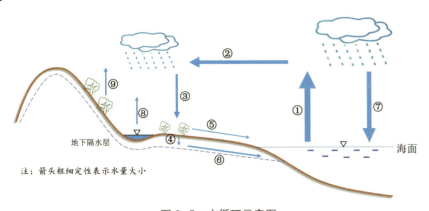

图 9-5 水循环示意图

1. 实地考察,分别测量北龙湖湖滨及市区的温度、湿度,对比差异并说明原因。

	北龙湖湖滨	市区
温度		
湿度		

2. 结合水循环示意图，说明北龙湖的修建影响的水循环环节及其对区域气候产生的影响。

3. 归纳说明北龙湖湿地的修建对地理环境产生的主要影响。

> **阅读**
>
> ### 北龙湖湿地
>
> 　　湿地被誉为地球之肾，城市湿地公园更是城市绿地系统规划中的特殊公园类型，与一般意义上的城市公园相比，湿地公园的社会经济价值和环境生态价值更为突出。湿地具备储蓄水源、调蓄洪水的作用：冬季北龙湖水位较高，储蓄大量水资源以应对冬春缺水；夏季水位则较低，腾出库容，以应对夏、秋季暴雨可能引发的洪涝灾害。大面积的水域还能够降温增湿，调节区域小气候。除此之外，北龙湖湿地公园还为市民提供了休闲娱乐的场所。公园中拥有丰富的动植物资源，有乔木、灌木等近百种植物，疣鼻天鹅、白骨顶鸡、白鹭、水鸭、夜鹭、鸳鸯等20多种野生禽类栖息于此，维护了生物多样性。

学习评价

　　任意选择一个城市湿地，实地探访、查阅资料，厘清它所参与的水循环过程及其对地理环境产生的主要影响，并形成调研报告。

本节教学实施评价要点

•••••••••••••••••• ○ **任务1** ○ ••••••••••••••••••

【活动】

1. 主要植物有柳树、荷、莲、芦苇、荇菜等。柳树属于陆生植物，荷、莲、芦苇、荇菜等属于水生植物。

2. 柳树喜光、喜湿、耐寒，是中生偏湿树种。柳树常生长在水边，一方面，因为柳树根部较短，吸收水分的能力较弱，靠近河边可以吸收水分与水中溶解的营养物质和微量元素；另一方面，由于柳树根系发达，能够扎到河床深处，固沙能力较强，能够保护堤岸，防止水土流失。

水生植物的叶片较大，可以适应弱光、缺氧的环境。另外，还有很多水生植物具有发达的通气组织，例如莲的叶柄和藕中有很多孔眼，孔眼相连，彼此贯穿，成为通气管道，既能够输送氧气，又能够增加浮力，维持平衡。

········· **任务 2** ·········

【活动】

1. 略。

2. 湖泊水与地下水同属于陆地水体，它们之间是相互补给的关系。当地下水水位较高，高于湖泊水水位时，地下水补给湖泊水；当地下水水位较低，低于湖泊水水位时，湖泊水补给地下水。

3. 北龙湖湿地位于郑州市郑东新区北部，其主体部分位于北三环以北、龙湖内环西路以东、龙湖内环北路以南。北龙湖规划建设区域地势低洼，常年积水，遍地沼泽，早期存在大量的鱼塘。这里地下水水位高，下挖一米即能见水。郑东新区的规划师正是充分利用了当地的自然条件，在此开挖人工湖。

········· **任务 3** ·········

【活动】

1. 流经郑州的河流分别属于黄河和淮河两大水系，而北龙湖则位于郑州防洪体系的中下游。夏季北龙湖湖区水位下降，为即将到来的雨季腾空库容，为上游河道分洪泄洪做准备。冬季则利用再生水补足库容，湖泊水位上涨，蓄洪防旱。

2. 黄河引水北龙湖流程示意图：

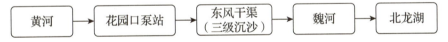

3. 泵站：由于黄河郑州段为地上河，河道被约束在两侧大堤之间。引用黄河水必须利用提灌设备抽水至大堤之上，再利用地势差异实现自流。

沉沙池：黄河含沙量较大，通过沉沙池沉积可以大大减少河水的含沙量。

········· **任务 4** ·········

【活动】

1. 与市区相比，夏季的北龙湖湖滨气温较低，湿度较大。主要原因是湖泊起到了降温增湿的作用。

2. 北龙湖的修建主要影响水循环中的⑤-地表径流环节，同时增加④-下渗、⑥-地下径流、⑧-蒸发等环节的水量。北龙湖修建后，通过降温增湿，调节了区域的小气候。

3. 北龙湖湿地可以调蓄洪水，涵养水源；降温增湿，调节区域小气候。湿地内拥有丰富的动植物资源，维护了生物多样性，还为郑州市民提供了休闲娱乐的场所。

学习评价要点

1. 能够结合课例内容，举一反三。
2. 报告主题明确，思路清晰，材料充足，观点明确，论证充分，逻辑性强。

10 天堑变通途
——郑州黄河桥

推介语

黄河滋润着大地、哺育着人民，是中华文明的摇篮。在历史发展的不同阶段，有时候，黄河阻碍着交通的发展；有时候，黄河又促进了不同地区的经济发展和文化交流。

桥梁建设是交通建设技术的重要标志，其发展水平展示着一个地区或国家经济发展实力和科技发展水平。

在郑州黄河文化公园炎黄广场的东侧，矗立着锈迹斑斑的郑州黄河第一铁路桥的局部，静静地向人们诉说着那段历史。

你知道郑州黄河铁路桥是如何选址的吗？你知道郑州黄河桥在不同时代又经历过怎样的变迁吗？今天，让我们一起充分利用现代信息技术，寻访历史遗迹，分析桥梁建设的选址、选材和建设技术，感受"一桥飞架南北——黄河铁路桥"的发展变化，畅想郑州黄河桥未来的发展！

学习目标

● 从100多年前的经济、技术角度，说明郑州黄河第一铁路桥选址的区位条件。

● 根据黄河桥的历史发展，说出郑州黄河第一铁路桥发展变化的原因。

● 根据黄河桥的变迁，说出交通运输建设的限制因素的发展变化。

课程小贴士

实践路线

黄河文化公园、黄河浮桥、郑新黄河大桥

图 10-1　研学点位置示意图

🌡 **推荐实践季节**

　　室外观测活动为主，春、夏、秋季节最佳

⏳ **课程建议时长**

　　半天

📋 **实践装备**

　　徒步鞋、运动长裤、遮阳帽、写字板、郑州地形图、手机（带导航）、罗盘、相机、望远镜、笔记本、铅笔及指导老师要求的其他必带装备。

🛟 **安全事项**

　　以小组为单位统一行动，禁止下河，一切行动听从教师和景区工作人员指挥；不私自做决定，有问题报告带队老师。

区域资源—课程标准双向对照表

课程标准中的"内容要求"	核心概念	区域资源	资源类型		
			图文资料	影音资料	实践基地
必修 2.6　结合实例，说明运输方式和交通布局与区域发展的关系。	交通运输铁路线黄河桥梁	黄河第一铁路桥	√		√
		黄河浮桥	√		
		郑新黄河大桥	√		√

教学设计流程

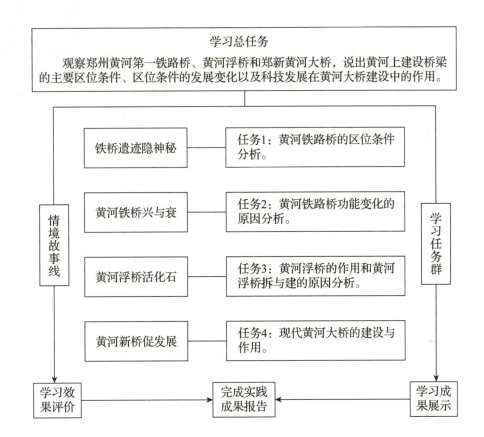

教学实施

···········○ **任务 1** ○···········

黄河铁路桥的区位条件分析。

【地点】

黄河文化公园内黄河第一铁路桥遗址旁。

【情境】

郑州黄河第一铁路桥

旧桥原名"卢汉铁路郑州黄河大桥",是黄河上修建的第一座铁路桥,为单线铁路桥,由比利时一家工程公司承建。清朝光绪二十六年(1900)选定桥址,1903 年 9 月开工建设,1906 年 4 月 1 日正式通车。桥全长 3015 米,是中华人民共和国成立以前最长的桥。1987 年桥被拆除,只留下 5 孔桥墩作为文物保存在原址上。

图 10-2　郑州黄河第一铁路桥遗址

【活动】

在郑州黄河第一铁路桥遗址旁，找到一段废弃铁路桥，找周边的工作人员了解第一铁路桥的发展历史（或是查找铁路桥的历史）。思考并想办法解决以下几个问题：

1. 结合历史思考，为什么设计和建设黄河第一铁路桥的是比利时，而不是中国，也不是英、法、美等当时的经济大国？

2. 为什么黄河第一铁路桥是铁桥，而不是现在多见的钢筋混凝土桥？

3. 观察铁桥结构中最多的框架结构是哪一种（三角形、四边形或多边形），为什么是这样？通过自己的判断、思考，给出假设，通过各种途径检验自己的假设，最终形成较为完备的解释。

4. 阅读"京广铁路河南段走向示意图"（图 10-3），思考：为什么本可以沿直线经过当时的省会城市开封的京广线，非要向西绕道通过当时仅仅是县城的郑县呢？

图 10-3　京广铁路河南段走向示意图

・・・・・・・・・・・。 **任务 2** 。・・・・・・・・・・・

黄河铁路桥功能变化的原因分析。

【活动】

　　沿着步梯，踏上铁桥。桥虽已废弃，但仍然很结实、稳固。继续听工作人员讲解，或通过网络搜索，了解周恩来总理指导和参与抗洪抢险的故事。

　　听完历史故事，抬眼向东北方向望去，在铁路桥遗址下游方向几百米处，映入眼帘的是两座大桥（黄河二桥和三桥），现在你能不能推断黄河第一铁路桥废弃的原因？

　　低头看我们脚下，这座废弃的铁路桥桥面不同于普通的铁路，而是有相对平整的石板，这是该桥曾经作为公路使用的见证。

图 10-4　铁路桥上的石板

　　那么一座铁路桥为什么又作为公路桥使用，甚至定下单向通行的规则？大胆推测并向工作人员或网络求证。

------------------------------ ● **任务 3** ● ------------------------------

分析黄河浮桥的作用和黄河浮桥重复拆与建的原因。

【地点】

　　黄河浮桥上。

【情境】

　　在黄河郑州段，人们到底是如何跨越黄河进行生产生活的呢？打开地图软件，向下游方向看去，有一座黄河浮桥。走，我们去看看黄河浮桥去！

【活动】

　　沿着黄浮路向下游方向走 3 千米，我们就能找到黄河浮桥，它是一座现代版的黄河古桥。

　　1. 通过查阅资料可以知道，黄河浮桥在黄河上大量存在，为什么在生产力高度发达的今天，黄河上仍然存在大量浮桥？黄河浮桥存在的经济条件有哪些？

　　2. 为什么黄河浮桥会季节性拆除？黄河浮桥的"拆与装"和哪些因素有关？为什么不能建永久坚固的公路桥来解决黄河两岸的交通问题？带着疑问寻求答案。

任务 4

现代黄河大桥的建设与作用。

【地点】

郑新黄河大桥。

【情境】

郑新黄河大桥

郑新黄河大桥,原名为"郑州黄河公铁两用桥",公路桥部分于 2010 年 9 月 30 日通车,总长 11.6 千米。此桥建成时是世界上最长的公铁两用大桥。

桥名各取大桥两端连接的郑州市和新乡市的第一个字,该桥的建设对加快中原城市群核心区郑州至新乡的呼应发展具有重要意义。

【活动】

沿着黄浮路向下游方向有三座大桥,我们选择最新的公铁两用桥——郑新黄河大桥进行研学探究。此桥距离黄河浮桥 30 千米,是一座坚固的永久性跨黄河大桥。

1. 通过查阅资料可以了解到,近三十年在郑州段已经修建的黄河大桥有十余座。为什么能在短时间内修建这么多跨黄河大桥? 修建黄河大桥的区位条件都有哪些? 修建黄河大桥对河南经济的发展起到什么作用?

2. 郑新黄河大桥是一座公铁两用大桥,上面是公路(限速 100km/h),下面是高速铁路。从多学科角度思考,上面的公路在运营和维护过程中应该防范哪些问题?

学习评价

1. 将自己拍摄的黄河大桥照片做成一个展板,向同学们展示黄河大桥的发展历史。

2. 根据考察过程中的所见所思,自定主题,撰写一篇实践报告。

本节教学实施评价要点

任务 1

【活动】

1. 有一种推测是,当时的清廷没有能力自行建设跨黄河的铁路桥,又害怕被当时的世界级强国欺凌,因而选择了较弱小的比利时。

2. 当时,水泥还没有被广泛应用于桥梁建设,所以选择了当时最先进的钢铁作为主体材料。

3. 最多的框架结构是三角形,因为三角形稳定。

4. 走直线经过开封，黄河开封段泥沙大量沉积，地基不稳定；河面宽阔，修建的桥梁要更长，当时的技术达不到安全上的要求。

---------○ **任务 2** ○---------

【活动】

推断黄河第一铁路桥废弃的原因：首先，黄河第一铁路桥因技术问题，经常出现险情；其次，铁路二桥和三桥更稳定，第一铁路桥已经完成了历史使命。

当时的黄河将河南的南北分隔开，黄河上没有一座像样的大桥。在废弃黄河第一铁路桥铁路功能的时候，政府在铁路桥上铺上石板，作为连接南北的公路使用。

---------○ **任务 3** ○---------

【活动】

1. 黄河浮桥具有便于拆卸和拼装的特点，在没有黄河大桥的地区，黄河两岸的人们就可以利用黄河浮桥来临时性跨越黄河。这样费用低、节省时间。

黄河浮桥存在的经济条件是经济发达，具有临时建设和拆装浮桥的能力；两岸的交通运输需求量大。

2. 浮桥的拆装与天气和气候有关，当上游来浮冰、洪水时，或遇到小浪底水库调水调沙等情况时，就要临时性拆除浮桥。

---------○ **任务 4** ○---------

【活动】

1. 随着国家经济的发展，技术水平的提高，在黄河上修建桥梁已经不再困难，国家就可以根据需要修建大桥。

修建黄河大桥的区位条件由原来的受自然条件和技术条件限制，转变成经济和社会对桥梁的需要。

黄河大桥的建设能促进人员、物资在地区之间的交流和转换；促进河南省黄河南北地区的经济发展。

2. 在公路运营和维护过程中，一定要注意上面掉落的小物件对下面行进的高速列车的危害，还有污染物对环境的影响（污水、油污等）。

学习评价要点

1. 照片清晰，照片拍摄角度合理。解说观点明确，照片与观点关联度高，解释合理。

2. 报告主题鲜明，论证充分，逻辑性强，图片清晰，详略得当。

11 古人问天的智慧

——二十四节气的"前世今生"

推介语

在农耕社会，我国古人早已意识到"风雨不节则饥"。中国人对于气候的最高希望，便是"风调雨顺"。无数祭祷，几多拜谢，无非是希望一切都能够顺候应时。农桑国度，人们细致地揣摩着天地之性情，观察天之正气、地之怒伏，因之而稼穑；恭谨地礼天敬地，顺候应时。

纵观世界文明史，二十四节气是中国独有的一种文化现象。中国古人通过观察太阳周期运动，发现了一年中时令、气候、物候等方面的变化规律，并结合农业生产的特点，形成这样一套知识体系。

你知道什么是二十四节气吗？你想探索二十四节气是如何产生的吗？你想了解二十四节气对中国农业的发展起到何种作用吗？让我们带着这些问题到登封观星台一探究竟吧！

学习目标

● 观察周公测景①台，说出周公测景台确定二分二至日的方法和依据。

● 对比周公测景台与观星台，说出两者确定二分二至日方法的异同。

● 根据我国农业生产特点，探究二十四节气产生在中国的主要原因及其对我国农业生产的影响。

课程小贴士

🜨 实践地点

登封观星台

🌡 推荐实践季节

室外观测活动为主，夏、秋季节最佳

---

① 景，"影"的古字，下同。

🐯 **课程建议时长**

1 天

🏛 **实践装备**

徒步鞋、运动长裤、遮阳帽、直尺、写字板、记录本、手机及指导老师要求的其他必带装备

🖐 **安全事项**

以小组为单位统一行动，一切行动听从教师和景区工作人员指挥；不私自做决定，有问题报告带队老师。

区域资源—课程标准双向对照表

课程标准中的"内容要求"	核心概念	区域资源	资源类型		
			图文资料	影音资料	实践基地
选择性必修 1.1 结合实例，说明地球运动的地理意义。	地球运动	周公测景台	√		√
		观星台	√		√
		二十四节气相关资料	√		

教学设计流程

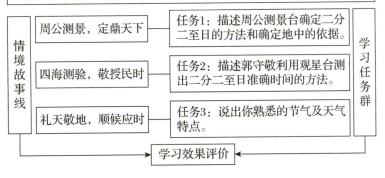

教学实施

• • • • • • • • • • • **任务 1** • • • • • • • • • • •

描述周公测景台确定二分二至日的方法和确定地中的依据。

【地点】

河南省登封市告成镇周公测景台。

【情境】

周武王灭商后,武王四弟姬旦辅佐成王摄政。周公制订历法、发展农业生产,开始了中国历史上第一次大规模的天文测量。他以颍川阳城(今登封告成)为中表,开始筑土圭、立木表,测量日影。通过日复一日、年复一年的测量,周公把测量的数据一一记录下来,发现日中日影有一个由长到短,再由短变长的周期。他根据每天日中日影的变化,找出了季节的变化规律,并用于指导农业生产。

图 11-1　周公测景台

【活动】

1. 绘制周公测景台简图。

2. 描述周公测景台确定二分二至日的方法和依据。

3. 探讨夏至日周公测景台正午无影的原因。

4. 根据所学知识论证《周礼》确定地中方法的科学性。

> **阅读**
>
> ### 中国古代对地中的理解和周公测影
>
> "凡日景于地,千里而差一寸。"中表一尺五寸,代表地之一万五千里。中表就是天圆地方三万里数之中,这就是地中。
>
> 《周礼·大司徒》记载了确定地中的具体方法:"以土圭之法测土深,正日景,以

求地中……日至之景，尺有五寸，谓之地中。天地之所合也，四时之所交也，风雨之所会也，阴阳之所和也。"即是说，在夏至的时候，立八尺之表，测其影长，如果影长为一尺五寸，则立表处即为地中。

对周公测定地中之事，后人有所追述，明学者陈耀文撰《天中记》，其卷一引《太康记》云："河南阳城县，是为地中，夏至之景，尺有五寸，所以为候。"古人关于周公测影定地中的说法，虽然系后人追述，历史真相如何，难以断言，但阳城地中说与立表测影密切相关，则是不争之事实。鉴于阳城地中说在中国天文学史上具有独一无二的地位，古人把阳城视为进行天文测量的最佳处所。自西周以后，历代都有天文官或在这里进行天文观测，或运用这里的观测结果编制历法。天文学上的阳城为地中的概念从其出现之后，一直延续到唐代。唐代对阳城地中说格外重视，这才有了皇帝特别下诏在该地树表纪念的行为。树立的石表的规制与《周礼》对地中的规定完全相符，表上大书"周公测景台"，显然表现了对古代地中概念的认可，表现了对周公在地中测影行为的纪念。过去人们多认为周公测景台是古人用于实际测影之设施，其实不然，它是唐代建立的纪念古人地中测影行为的标志物，表现的是某种象征性而不是实用性。

任务 2

描述郭守敬利用观星台测出二分二至日准确时间的方法。

【地点】

河南省登封市告成镇观星台。

【情境】

观星台是世界九大古天文台之一，始建于元朝初年，是一座具有测影、观星和计时等多种功能的天文台。当时，元世祖忽必烈从巩固封建统治出发，也为了适应农牧业发展的需要，任用著名科学家郭守敬等进行历法改革。郭守敬等人进行了大规模的天文观测活动，以改进、修订历法，这就是著名的"四海测验"。改历之初，郭守敬就提出实际观测是治历之本的原则，认为"历之本在于测验，而测验之器莫先仪表"。在简要实用原则的指导下，他先后创制了简仪、高表、仰仪、景符等十八种天文仪器，其中简仪和高表是最重要的两种仪器。观星台实际就是郭守敬创建并改进的高表。景符的制作，克服了因为增加表的高度而带来影虚的困难。郭守敬根据针孔成像的原理，制成景符，又改表端为横梁，使日光可从

图 11-2 观星台

梁之上下通过，用以分像取中，且梁影细如发丝，所存误差可达毫米以下，实为一项重大的革新。

【活动】

1. 绘制二分二至日观星台日影变化示意图。

2. 描述郭守敬利用观星台测出夏至、冬至、春分、秋分准确时间的方法。

3. 了解景符制作应用的原理并制作相关模型。说出郭守敬对周公土圭法测影的改进措施。

4. 在郭守敬的故里，河北省邢台市的达活泉公园内，也建有一座观星台，该观星台是按登封观星台1：1的比例仿建的。推测该观星台测量的数据是否准确，并说明理由。

阅读

郭守敬创制高表，编制《授时历》

郭守敬之所以改"八尺表"为"高表"，是因为"高表"比"八尺表"更为精确。据《元史·天文志》说："表短，则分寸短促，尺之下，所谓分、秒、太、半、少之数，未易分别。"而把表扩大五倍以后，"表长则分寸稍长"，"旧一寸，今申而为五，厘毫差，易分别"。

郭守敬通过在观星台的实地观测，掌握了地球运转的规律，并准确地测出二十四节气，特别是夏至、冬至、春分、秋分的准确时间，于至元十七年（1280年）编制出了当时世界上最先进的历法。该历法的一个回归年长度为365.2425天，合今天的365.2422天，即365天5小时49分12秒，同现代科学测定的回归年长度365天5小时48分46秒相比，一年仅长0.0003日即26秒，而与现今世界上通用的格里高利历相比一秒不差，但比它早了三百多年。历法编成后，元世祖忽必烈根据《尚书》中"敬授民时"一句定名为《授时历》。《授时历》使用长达364年之久，是我国历史上施行时间最长的历法。后来皇帝还下诏书把《授时历》赐给高丽（今朝鲜）、日本、安南（今越南）等国家使用。

任务 3

说出你熟悉的节气及天气特点。

【地点】

观星台。

【情境】

二十四节气是中国古代劳动人民伟大智慧的结晶，是古人通过观察太阳周年运动，认知一年之中时节、气候、物候的规律变化所形成的知识体系和应用模式。二十四节气的命名，反应了气候和万物生长的变化及民俗，也使从事生产的后代子孙们有了科学而精准的农事活动对照。2016年，"二十四节气"正式列入联合国教科文组织人类非物质文化遗产代表作名录。

【活动】

　　二十四节气中的大部分节气，描述的并非太阳的运行情况，而是物候状况。由于物候因冷暖变化而变化，总是与太阳周年运动有关，所以二十四节气是根据太阳在黄道上的周年视运动推算出来的。黄道一圈为360度，如果以春分日太阳在黄道所处的位置为黄道0度，每隔15度取一个点，恰好可以得到24个点。这24个点所在的位置，从理论上说就是太阳在二十四节气的位置。

　　1. 请在地球公转示意简图（图11-3）中，标记二十四节气的位置。

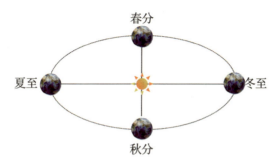

图11-3　地球公转示意简图

　　2. 二十四节气的命名反映了季节、气候现象、物候现象等，请完成下表。

命名形式	对应节气
反映四季变化的节气（8个）	
反映温度变化的节气（5个）	
反映天气现象的节气（7个）	
反映物候现象的节气（4个）	

　　3. 描述此时离我们最近的节气及天气特点。

　　4. 探讨二十四节气在中国形成而非在古希腊、古埃及或古印度形成的主要原因。

学习评价

　　1. 举例说明二十四节气在我国南方、北方地区使用时的差异。

　　2. 以小组为单位，走访观星台附近居民，收集整理涉及二十四节气的谚语，并和同学们分享交流其含义，制作相关宣传作品（手绘或电脑制作），重点阐述二十四节气的"前世今生"，以及对这一文化的保护和传承措施，并在校内展示，让同学们感悟先贤的智慧和中国传统文化的博大精深。

本节教学实施评价要点

·········· · **任务 1** · ··········

【活动】

1.

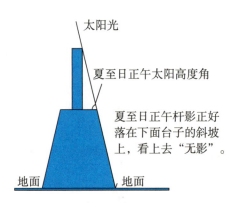

2. 根据一年中影长的变化确定二分二至日。夏至时，正午太阳高度最大，影长最短；冬至时，正午太阳高度最小，影长最长；春秋分时，正午太阳高度相同，影长等长，位于冬至后的为春分，位于夏至后的为秋分。

3. 夏至时，正午太阳高度角与周公测景台的石圭北侧的倾角相同或正午影长与石圭顶部北侧的长度相等。

4. 周公根据《周礼·大司徒》记载的方法在登封测影确定地中，即夏至时，立八尺之表，测其影长，影长为一尺五寸。由于同一纬线圈上所有点的正午太阳高度角相等，则在同一纬线上只要立表高度相同，影长相同。因此周公确定地中的说法是不科学的，或者说该地点不是唯一的。

·········· · **任务 2** · ··········

【活动】

1.

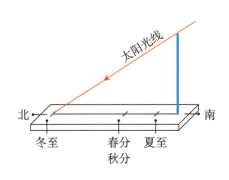

2. 原理同周公测景台。

3. 郭守敬改"八尺表"为"高表",同时利用"景符"克服了因为增加表的高度而带来影虚的困难。景符,元郭守敬于至元十三年(1276)至十六年所制,是圭表测影时用的辅助仪器。其结构为一个二寸见方的铜框,旁边有枢轴以连接一片宽二寸、长四寸的铜板;其中心有一针孔。使用时让铜板绕枢轴转动,调节到与正南太阳光相垂直的角度,然后用一竿支撑,北高南低斜在圭面上。观测时来回移动,当小孔、高表上的横梁、日面中心三者在同一直线上时,由于针孔成像原理,在圭面上可看到一米粒大小的太阳像,中间还有一条细而清晰的横梁。当横梁影子平分太阳时,所得影长即为日面中心的影长。据试验,用景符来测定的影长可准到 2 毫米以内。它既克服了过去所得影长是太阳上边缘影长,比日面中心影长短的缺点,又解决了由于太阳光漫射而产生的表高影虚而淡,量度不准的困难。

4. 根据邢台达活泉公园内的观星台的测影结果可以确定二分二至日,但由于正午太阳高度角随纬度变化,邢台与登封的纬度存在差异,故其影长与登封观星台相比有所不同。

································· • 任务 3 • ·················

【活动】

1. 略。

2.

命名形式	对应节气
反映四季变化的节气(8个)	立春、春分、立夏、夏至、立秋、秋分、立冬、冬至
反映温度变化的节气(5个)	小暑、大暑、处暑、小寒、大寒
反映天气现象的节气(7个)	雨水、谷雨、白露、寒露、霜降、小雪、大雪
反映物候现象的节气(4个)	惊蛰、清明、小雨、芒种

3. 略。

4. 古希腊位于地中海沿岸,气候为地中海气候,夏季炎热干燥,冬季温和多雨,气候条件对于古代农业发展不利。古希腊主要发展航海业,对天气要求较高,更多地关注天气的变化。古埃及的气候为热带沙漠气候,其农业发展最重要的依托是尼罗河。尼罗河流经热带草原气候区和热带沙漠气候区,流域内旱涝灾害频发。对于古埃及的农业发展而言,由于位于热带,热量条件充足,水源是制约古代农业发展的主要因素。古埃及人在发展农业的进程中更多地关注尼罗河的水量变化,而非水热组合的时间变化。古印度由于受西南季风和东北季风影响，形成典型的热带季风气候。对于古印度而言，农业发展主要有三个时期，即雨季、旱季和凉季，古印度人在发展农业的进程中更多地关注夏季风。

学习评价要点

1. 差异举例：二十四节气主要是根据黄河中下游流域的气候特征确定的，各节气的农事活动主要围绕春耕、夏种、秋收、冬藏安排，中国幅员辽阔，各地存在差异。如对于冬小麦的播种时间，各地有不同的适宜时期，华北北部是"白露早，寒露迟，秋分种麦正当时"，河南是"秋分早，霜降迟，寒露种麦正当时"，而四川是"寒露早，立冬迟，霜降种麦正当时"。

2. 学生走访调查要注意拍照、录音和后期整合，海报制作要注意知识的准确性、时间线索，以及节气和农业、生活、饮食、文化等方面的具体联系，同时注重科学性、趣味性。

我们要加强对二十四节气的保护与传承。二十四节气历史久远，文化形式多样，文化内涵丰富，贯穿着天人合一的价值理念。它遵循着顺天应时、循时而动的法则，反映的是我们中华民族对人和自然之间关系的深刻理解：人是万物之灵，又是自然之子，我们要尊重生命的节奏，要遵循自然规律，要根据自然界的变化来调整自己的行为，要循时而动、以合时宜。今天，二十四节气仍然可以发挥指导农业生产的作用。中国仍然是农业大国，农业生产仍然是国民经济最基本的物质生产部门，也是经济发展的基础。尤其是近年来我国开始实施乡村振兴战略，把"三农"工作置于重中之重，这就使得二十四节气在指导农业生产方面，仍然大有可为。长期以来，我国各地民众因地制宜，创造出很多具有本地特色、发挥本地优势的节气文化，尤其是出现了数量众多的节气谚语。这些都是智慧和经验的结晶，它对于指导农业生产仍然具有十分重要的价值。

12 昼参夜考
以正朝夕
——正方案

我国在天文学研究和制造天文仪器方面有着悠久的历史。正方案是元代著名科学家郭守敬设计制造的一种木制定向仪器，后人为了便于保存而改制成铜质仪器，其主要用途是测影定向，也可以当量角器使用，用以观测天体的地平高度。然而，由于漫长的历史变迁，元代正方案下落不明。如今，正方案的复制品有两个，分别陈列在北京古观象台紫微殿前的四合院和河南登封观星台。

那么正方案是如何使用的呢？让我们到现场一起来领略古人的智慧吧！

图 12-1 观星台前的
正方案

学习目标

● 观察正方案，说出正方案精确测定方向的方法和依据。

● 对比正方案和指南针，说出两者测定方向的异同。

● 根据现有资料，测量与计算当地正午太阳高度角以及地方时。

● 通过对正方案的观察和理解，说出正方案测量纬度以及观星的实用性。

课程小贴士

实践地点

登封观星台

推荐实践季节

室外观测活动为主，天气晴朗的春秋分、夏至日、冬至日最佳

🦉 **课程建议时长**

1 天

🏛 **实践装备**

自制可伸缩的简易版臬表（长度 20～30 厘米）或可伸缩的指挥棒、强光手电、硬纸板（空白正方形）、铅锤及铅垂线、徒步鞋、运动长裤、遮阳帽、太阳镜、写字板、记录本、手机及指导老师要求的其他必带装备。

⚠ **安全事项**

以小组为单位统一行动，禁止过度使用文物，一切行动听从教师和景区工作人员指挥；不私自做决定，有问题报告带队老师。

区域资源—课程标准双向对照表

课程标准中的"内容要求"	核心概念	区域资源	资源类型		
			图文资料	影音资料	实践基地
选择性必修 1.1 结合实例，说明地球运动的地理意义。	地球自转 地球公转 黄赤交角 地球运动的地理意义	正方案	√	√	√

教学设计流程

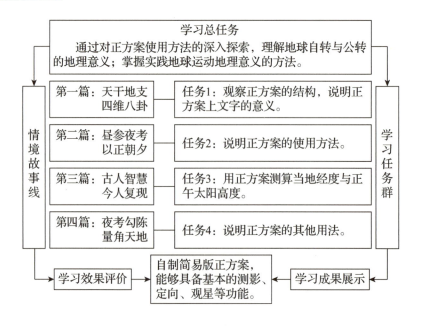

教学实施

···••• 任务 1 •••···

观察正方案的结构,说明正方案上文字的意义。

【地点】

河南登封告成镇观星台北侧。

【活动】

通过实地观察正方案,结合阅读材料等相关资料,讨论并分析:

1. 正方案内圈标注的是天干地支,它们的作用是什么?

2. 天干地支外围的大写数字表达的含义是什么?

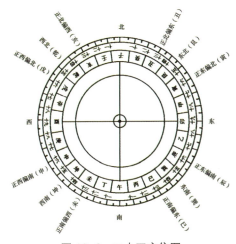

图 12-2 二十四方位图

阅读

正方案

正方案是元代著名天文学家郭守敬设计制造的一种木制定向仪器。正方案的具体形制在《元史·天文志》中有详细记载:

"正方案,方四尺,厚一寸。四周去边五分为水渠。先定中心,画为十字,外抵水渠。去心一寸,画为圆规,自外寸规之,凡十九规。外规内三分,画为重规,偏布周天度。中为圆,径二寸,高亦如之。中心洞底植臬①,高一尺五寸,南至则减五寸,北至则倍之。"

根据这段描述,所谓正方案,是一块边长四尺、厚一寸的正方形平板。在板面上离边五分之处开有水渠,用以校正案的水平。首先确定案的中心,过中心画一十

---

① 臬(niè),古代测日影的标杆。

字线，线延伸至水渠处。以中心为圆心，由内向外依次画圆，相邻圆之间的距离为一寸，共十九个圆。在最外圆向内三分处另画一圆，在这两个圆之间刻画周天度数。最里边的圆直径二寸，在这个圆上做成高亦二寸的圆柱体，中心开一个贯通上下的洞，洞里插一根竿子。竿子的高度可以调节，一般高出案面一尺五寸；冬至前后减去五寸，使之高一尺；夏至前后则增加一倍，使之高三尺。之所以如此，是为了保证至少在每天中午时竿影一定要落入案内。我们可以通过简单的数理推算证实这一点。

据《元史·历志》记载："地中八尺表景，冬至长一丈三尺有奇，夏至尺有五寸。"地中，传统上指阳城，郭守敬登封观星台即位于此地。依据这里所给出的尺高与影长的比例，可以推算出当正方案中臬高一尺时，相应的影长略大于一尺六寸，这是冬至那天中午时的情形。夏至时臬高度为三尺，用类似方法推算，其影长为五寸六分。其他日子中午影长当介于这二者之间，均落于案内。这是在登封的情形。

另外，《元史·历志》还给出了在当时北京用四十尺高表测得的冬至和夏至影长："今京师长表，冬至之景七丈九尺八寸有奇……夏至之景一丈一尺七寸有奇。"依此比例推算，冬至时正方案中一尺臬表影长约为二尺，恰落入案内；夏至时三尺臬表影长约为九寸，影端落在从里数起的第九规上。可见，郭守敬关于正方案中臬表高度的规定主要是从元大都（今北京）天文台的实际出发的，对于大都以南的广大地区也适用。

任务 2

说明正方案的使用方法。

【活动】

1. 仔细观察正方案，使用携带的辅助工具推理正方案的使用方法。
2. 阅读材料，对比古代测量方向的多种方法，找出最精确的一种。

阅读

正方案和传统立竿测影法测定方向的原理

传统的测定水平四向的方法是立竿测影。这一方法因为载入周礼《考工记》而更显出它的重要。《考工记·匠人》篇说：

"匠人建国，水地以县①，置槷②以县，视以景。为规，识日出之景与日入之景。昼参诸日中之景，夜考之极星，以正朝夕。"

---

① 县，同"悬"，下同。
② 槷（niè），古代测日影的标杆。

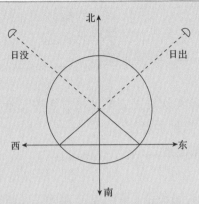

图 12-3 《考工记》"以正朝夕"图

从内容来看,《考工记》记载的这一方法是用来"正朝夕",即确定东西方向的。其具体方法是:首先,"水地以县",通过取水准的办法使待测点附近的地处于水平状态。

然后,"置槷以县",树立一木质的臬表,通过取悬线的方法使该表垂直于地面。这些准备工作做好之后,就可以用于观测了。

"为规",指用圆规作圆,圆心在臬表处。然后,把日出和日没时表影与圆周相交的两点记下来,这两点连线所表示的方向就是东西方向(如图 12-3 所示)。还要白天参考日中时的表影方向(表影最短时),夜晚参考北极星的方向,如此得到较为正确的东西方向。

利用正方案测定方向,比传统的测影定向法有更多优点。

其一,用干支、四维标示二十四个地平方位更精确。

其二,《考工记》中记述的方法观测的是日出、日没时的表影,那时的表影一般都比较模糊,这样它们和圆周的交点就不易确定。而正方案测定的是太阳升高以后表影端点的位置,这时光线已强,表影较为清晰。

其三,正方案的使用方法中强调使用多组观测数据,提高最终结果的准确度,降低误差。

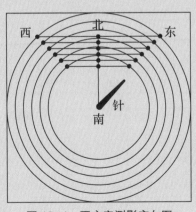

图 12-4 正方案测影定向图

任务 3

用正方案测算当地经度与正午太阳高度。

【活动】

1. 通过完成前两个任务实现对正方案使用方法的充分理解，运用所学的地球运动相关知识，使用正方案测算当地的经度。

2. 测算当地的正午太阳高度。

所需物品：记号笔（水溶性），可上网的手机，能够显示经纬度的应用软件，米尺（精确到毫米），写字板，三角函数表（正切值），臬表（可调整高度）。

注意：要用正方案测算出当地地方时、正午太阳高度等，须在晴天的正午 12 点前做好准备。

当日正午臬表长度	当日正午臬表影长	计算出当日正午太阳高度	当地的纬度	推算出太阳直射点纬度	正方案计算的经度	当地的经度	误差

任务 4

说明正方案的其他用途。

【情境】

《考工记》有云："昼参诸日中之景，夜考之极星，以正朝夕。"前面，我们的任务都是"昼参诸日中之景"。那么，正方案是否有"夜考之极星"的功能呢？如果有，该如何操作呢？

【活动】

1. 结合图 12-5，说明正方案测量当地纬度的方法。

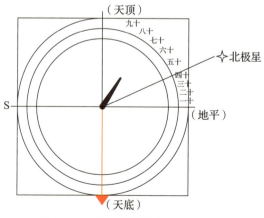

图 12-5　正方案测星图

2. 正方案除了测方向、观日影、测纬度之外，还有什么功能？

学习评价

1. 把本次所学知识和经过，以游记的方式写出来。取优秀者发表在校报上。

要求：讲述古代天文科技的力量；分析正方案的实用性（有手绘图为佳）；注重科学和生活的联系；分析该地的旅游价值，并尝试给当地政府提一些建议。字数1000～2000字。

2. 用硬纸板、圆规、量角器、彩色笔、针线等工具自制简易正方案。

要求：可以测定方向，可以测天体地平高度，还可以测建筑物或墙体角度。

本节教学实施评价要点

任务1

【活动】

1. 正方案内圈共计24个字，代表24个方向，分别是十二地支（子、丑、寅、卯、辰、巳、午、未、申、酉、戌、亥），十天干中的八个（甲、乙、丙、丁、庚、辛、壬、癸）和后天八卦中的四维（乾、艮、巽、坤）。

古人用四维、八干、十二地支来表示二十四个方位，是为了更精确地表示地平方位。十二地支表示为：子（代表）北（方），卯（代表）东（方），午南，酉西，丑正北偏东，寅正东偏北，辰正东偏南，巳正南偏东，未正南偏西，申正西偏南，戌正西偏北，亥正北偏西。四维表示为：艮东北，巽东南，坤西南，乾西北。八干表示为：东方甲乙，南方丙丁，西方庚辛，北方壬癸。综上所述，可以看出在正方案上东、西、南、北、东北、东南、西北、西南八个方位均用三个字符表示。这种标示方位的方法，在古代社会得到了比较广泛的应用，在现存的古罗盘上，仍可以看到这种分度方式。

2. 大写的数字是与子午线所成角度的度数，从右向左读，例如"子"和"午"字的外圈两侧汉字数字都是10°，再向外扩分别是20°、30°……分别到"卯""酉"处均为90°。

任务2

【活动】

1. 需要自带小型臬表，放置于正方案圆心处，模拟正方案臬表的日影运行。

2. 古人在判定方向时，除了天文学方法，还采用指南针、司南等，但这些方法都要以天文学方法——即立表测影作为最终判据。因为地球磁场磁偏角的存在，用指南针等测出来的方向并不是真正的方向，而是地球磁极的方向。所以，通过日影测定方向是相对误差最小的。同样，用日影来测定方向，取得的日影数值越多，测量结果就越精确。

任务 3

【活动】

1. 使用正方案测算当地的经度

（1）用手机或手表设定北京时间（最好精确到秒）；

（2）正方案找水平；

（3）观测太阳光照射出臬表的影长最短时，即为当地地方时 12 点，记录下此时的北京时间；

（4）计算时差，得出经度差，从而得出当地经度。

2. 计算正午太阳高度

方法一：

（1）用卷尺量出臬表长度 a；

（2）量出正午最短影长 c；

（3）在纸上用三角板画一个直角三角形，两条直角边分别为 a 和 c，斜边为 b；

（4）用量角器量出 b 和 c 之间的角度，这就是当时的正午太阳高度；

（5）如果 a、c 过长，无法在纸上完整呈现出来，那么两条线按同比例缩小，也可以算出正午太阳高度。

方法二：用正切函数直接求出

测出臬表的长度除以影长，在正切函数表上查询得出的数值，即可得出正午太阳高度。

任务 4

【活动】

1. 正方案无论平置或侧立都可以作量角器使用，侧立时在其角上圆洞内系好绳子挂立，既可测北极星高度，又可测某天体的地平高度。

因为地球在自转和公转的同时，地轴总是指向北极星附近，在北半球晴朗的夜晚，可以观察到北极星。如图 12-5，正方案侧立时，在中心处挂铅锤以确立水平（即确保与地面垂直），然后目测北极星高度，在正方案上做好标记，算出与水平线所成角度，就是当地纬度。

2. 因为正方案是正方形，在中心点挂铅锤，通过铅垂线与墙体之间的角度可以测量建筑物的倾角，即可判断建筑物是否垂直于地表。

学习评价要点

略。

参考资料

［1］《十三经注疏　清嘉庆刊本》，中华书局 2009 年版。

［2］《元史·天文志》，中华书局 1976 年版。

［3］《元史·历志》，中华书局 1976 年版。

［4］伊世同 . 正方案考［J］. 文物，1982（1）：76-77，82.

［5］王建华 . 正方案［J］. 天文爱好者，2000（4）：24-26.

13 测影定时 驾御万古
——日晷

推介语

　　日月星辰,光影流转,花开花落,周而复始。宇宙的永恒,万物的演变,人类的发展,都缓缓流淌在时间的长河里。

　　最早的机械钟出现在13世纪英格兰的某个修道院内,由此诞生了一系列准确度越来越高的计时器具,人们才得以精准地记录下消逝的时间。

　　其实,早在钟表诞生之前,古人就利用天文现象和流动物质的连续运动来计量时间,发明了日晷、刻漏、沙漏等诸多"计时器"。日晷在我国的分布十分广泛,受文化、审美等差异的影响,造型千姿百态。在"天地之中"的登封告成镇,有一座古老的观星台,至今已有七百多年历史。2010年8月1日,"登封'天地之中'历史建筑群"成功列入《世界遗产名录》。

　　如今,日晷更被赋予珍惜时间、拼搏向上等寓意。俗话说"一寸光阴一寸金",这里的"一寸"指的就是日晷计时中的单位。你知道日晷是如何计时的吗?

学习目标
- 通过观察,说出太阳周日视运动的一般规律。
- 观察日晷,阐述日晷的设计和计时原理。
- 根据观察和对比,说出日晷计时与手表时间的差异。

课程小贴士

实践地点

登封观星台

推荐实践季节

晴天最佳,春分、秋分当天不宜研学

课程建议时长

半天

实践装备

手表、量角器等。

安全事项

实践活动以小组为单位统一进行，一切行动听从教师和景区工作人员指挥，有问题及时报告带队老师。

区域资源—课程标准双向对照表

课程标准中的"内容要求"	核心概念	区域资源	资源类型		
			图文资料	影音资料	实践基地
选择性必修 1.1 结合实例，说明地球运动的地理意义。	地球自转	观星台	√		√

教学设计流程

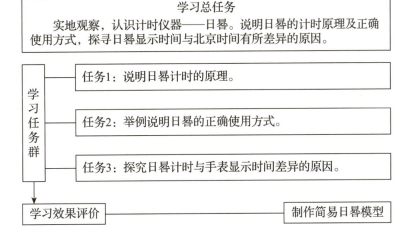

教学实施

.... **任务 1** ....

说明日晷计时的原理。

【地点】

河南省登封市告成镇观星台。

【情境】

在钟表还未传入中国以前，充满智慧的古代人民就在长期的生活和生产实践中，通过观察日月星辰的周期性变化，创造了形态各异的计时仪器，日晷就是其中之一。所谓日晷，就是利用日影位置的不断变化来测量时间的一种工具。

【活动】

1. 观察日晷，说出日晷的组成结构。

2. 说明日晷计时的原理。

图 13-1　日晷

阅读

晷面刻度

晷面刻度采用我国古代划分一昼夜的十二时辰，一个时辰相当于现在的两个小时。十二时辰分别用十二地支的名字命名，即子、丑、寅、卯、辰、巳、午、未、申、酉、戌、亥。

子时：23：00—01：00　　丑时：01：00—03：00　　寅时：03：00—05：00

卯时：05：00—07：00　　辰时：07：00—09：00　　巳时：09：00—11：00

午时：11：00—13：00　　未时：13：00—15：00　　申时：15：00—17：00

酉时：17：00—19：00　　戌时：19：00—21：00　　亥时：21：00—23：00

任务 2

举例说明日晷的正确使用方式。

【地点】

观星台。

【情境】

日晷是古代人类智慧的结晶，也是我国传统文化的一部分。如今，我们在很多地方都能看见日晷的身影，日晷也在逐渐走进校园，赤道式日晷是其中比较常见的一种。

【活动】

1. 观察并测量赤道式日晷晷面与地平面之间的夹角，说出该夹角与当地纬度之间的关系。

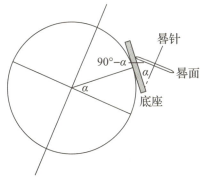

图 13-2 赤道式日晷放置示意图

2. 解释赤道式日晷正反两面均设置刻度表的原因。

3. 几年前，陕西西安在南门月城内设置了一座坐北朝南的日晷（见下图），众多游客在这里游览拍照。但是细心的游客们却发现了其中的不妥之处。细心的你能指出其中的错误，并解释原因吗？

图 13-3 陕西西安日晷实景图及晷盘示意图

> **阅读**
>
> ### 日晷的分类
>
> 按晷面与地平线之间夹角的差异，日晷大致可分为三类：地平式、垂直式、赤道式。
>
> （1）地平式日晷
>
> 地平式日晷的晷面与地平面之间夹角为0°，即晷面应严格水平放置。该日晷的晷面和晷针之间的夹角由当地地理纬度决定。晷面刻度需要利用三角函数计算才能确定。适合低纬度地区使用。
>
> （2）垂直式日晷
>
> 垂直式日晷的晷面与地平面之间夹角为90°，即晷面垂直于地平面。晷针与

晷面的夹角为90°减去当地纬度。垂直式日晷可分为南向、北向、东向和西向垂直式日晷。其中：垂直向南日晷适合在北半球中纬度地区使用；垂直向北日晷适合在南半球中纬度地区使用。垂直向东和向西日晷各纬度均适合，但局限性是垂直向东日晷只能在上半日使用，垂直向西日晷只能在下半日使用。

（3）赤道式日晷

赤道式日晷的晷面与地平面之间的夹角为90°减去当地纬度，晷面平行于赤道面，晷针与晷面垂直。赤道式日晷晷盘刻度等分，非常方便，是世界上最常见的日晷类型，适合中低纬度地区使用。若将晷盘改为圆环则称为赤道式罗盘日晷。

无论何种形式的日晷，晷针都始终指向北天极，并且晷针与地平面的夹角与当地地理纬度相同。

· 任务 3 ·

探究日晷计时与手表显示时间差异的原因。

【地点】

观星台。

【情境】

时至今日，我们用各种精确度更高的计时工具来显示时间，国家统一采用北京所在的东八区的区时作为标准时间。在众多计时工具中，日晷的计时作用已日渐淡去，但日晷的计时功能依然存在。在时光流转中，静止的日晷依靠着光影的运动，记录了它独有的光阴故事。

【活动】

1. 读出赤道式日晷显示的时间。

2. 对比日晷测量时间与手表显示时间，解释时间不一致的原因。

3. 探讨春分和秋分当天日晷读不出时间的原因，总结用日晷测量时间的局限性。

阅读

水钟

由于日晷存在局限性，单用日晷来计时是不够的，还需要借助其他种类的计时器来与之相配合。

水钟在中国又叫做"漏刻""漏壶""滴漏"。广州博物馆收藏了一套元代制造的铜壶滴漏，是现有保存最完整的一套。

我们国家早期使用的水钟是泄水型漏刻，即利用特殊容器记录水漏完的时间。但这种漏刻受水位影响较大，水位较高时，滴水速度较快，水位较低时，滴水速度较慢，这样就造成了时间测量的误差。

后经过改良，形成受水型漏刻，即记录水装满的时间。古人采用多级漏壶，尽可能确保水量恒定，以便进入受水壶中的水滴速度均衡，从而提高了时间测量的精准度。

多样的日晷

在古代，日晷是智慧和权威的象征。如今，日晷作为传统文化的代表之一，被制作成千姿百态的形状矗立在不同的地方，科学与艺术融为一体。

图 13-4　仙鹤日晷

仙鹤展开的双翅相当于晷面，连接仙鹤尾部和颈部的横梁是晷针，晷针指向北天极。仙鹤日晷是一种特殊的赤道式日晷。时间表盘刻在仙鹤双翅内侧，顶部镂空的设计巧妙地解决了传统赤道式日晷无法在春分和秋分读取时间的问题。

图 13-5　多样的日晷

学习评价

自选材料，制作一个简易日晷模型，测量家乡的地方时。

本节教学实施评价要点

任务 1

【活动】

1. 日晷由指针（即晷针）和圆盘（即晷面）组成。晷针指向北天极，晷面正反两面上都刻有时辰。

2. 日晷是利用日影测得时刻的一种计时仪器。一天中，太阳照射的物体投下的影子随着时间的推移，慢慢由西向东移动。移动着的晷针影子就好像是现代钟表的指针，晷面则是钟表的表面，以此来显示时间。

任务 2

【活动】

1. 晷面夹角与地平面之间的夹角以测量为准。该夹角值与当地地理纬度之和为90°，即晷针与地平面之间的夹角等于当地地理纬度。晷面平行于赤道面。

2. 每年春分日（约 3 月 21 日）后到当年的秋分日（约 9 月 23 日）前，太阳从东北方向升起，西北方向落下，运行轨迹高于晷面，晷针的影子在晷盘正面指示时间。

每年秋分日后（约 9 月 23 日）到第二年的春分日（约 3 月 21 日）前，太阳从东南方向升起，西南方向落下，太阳运行轨迹低于晷面，晷针的影子在晷盘背面指示时间。

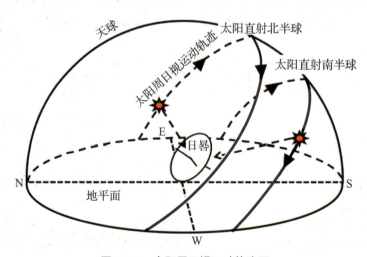

图 13-6　太阳周日视运动轨迹图

3. 问题一: 晷面朝向放反

原因: 该日晷放置坐北朝南, 晷针指向南天极。而晷针应指向北天极, 应该坐南朝北。

问题二: 晷面刻度位置颠倒

原因: 清晨太阳从东边升起, 晷针影子投向西侧, 此时晷针应指向卯时。当太阳到达上中天时, 此时正值中午, 晷针影子指向晷面下方, 指示当地的午时。午后太阳不断西移, 晷针影子不断东斜, 指向酉时。所以晷盘的午时应该在下方, 子时在上方。晷盘应该旋转 180°。

问题三: 晷盘不应靠墙放置

原因: 日晷正反面两侧均设置了刻度表。夏季影子位于晷盘的北面(正面), 冬季影子位于晷盘的南面(背面)。靠墙放置, 墙影遮挡住阳光, 日晷无法指示时间, 所以日晷靠墙设置不合适。

○ 任务 3 ○

【活动】

1. 以实际读出时间为准。

2. 日晷测量时间是当地实际时间, 为地方时, 手表显示时间是北京所在的东八区的区时。两地经度每差 1°, 时间相差 4 分钟。

例如, 北京时间 12 点观察日晷, 由于登封所在经度约 113° E, 东八区区时是 120° E 的地方时, 两地经度相差约 7°, 因此两地时间相差约 28 分钟。由于北京在登封的东部, 因此日晷测量出的时间应该是 11 点 32 分左右。

3. 每年春分和秋分这两天, 太阳运行轨迹平行于日晷的盘面, 所以这两天日晷正面和背面的晷针都没有影子。

局限性: ① 日晷是利用日影测得时刻的一种计时仪器, 在阴天和晚上, 由于看不到太阳, 日晷无法读出时间; ② 春分和秋分当天, 太阳运行轨迹平行于日晷的盘面, 晷针没有影子, 不能指示时间。

学习评价要点

1. 制作模型所选材料环保。

2. 模型结构完整、正确。

3. 模型适用于测量家乡的地方时。